心理健康教育
班队活动的设计与实施

胡春梅　王　蕾　主　编

何玲玲　何华敏　钱闰建　副主编

北京师范大学出版集团
BEIJING NORMAL UNIVERSITY PUBLISHING GROUP
北京师范大学出版社

图书在版编目(CIP)数据

心理健康教育班队活动的设计与实施 / 胡春梅,王蕾主编. —
北京:北京师范大学出版社,2022.8(2023.5 重印)
ISBN 978-7-303-27903-6

Ⅰ.①心… Ⅱ.①胡… ②王… Ⅲ.①心理健康—健康教
育—教学活动—教学设计—中小学 Ⅳ.①G444

中国版本图书馆 CIP 数据核字(2022)第 092398 号

营销中心电话　　010-58802181　58802123
图书意见反馈　　gaozhifk@bnupg.com　010-58805079

出版发行:北京师范大学出版社　www.bnupg.com
　　　　　北京西城区新街口外大街 12-3 号
　　　　　邮政编码:100088
印　　刷:唐山玺诚印务有限公司
经　　销:全国新华书店
开　　本:710 mm×1000 mm　1/16
印　　张:12
字　　数:197 千字
版　　次:2022 年 8 月第 1 版
印　　次:2023 年 5 月第 2 次印刷
定　　价:39.80 元

策划编辑:马佩林　张丽娟　　　责任编辑:宋　星
美术编辑:李向昕　　　　　　　装帧设计:李向昕
责任校对:陈　荟　张凌敏　　　责任印制:赵　龙

前　言

　　随着社会经济的飞速发展，青少年在物质文化生活极大丰富的同时，面对的新异刺激也不断增多。他们在面对新异刺激时，由于自身的信息识别能力和抵御外界诱惑的能力不够强等，其心理健康问题的发生率有逐年上升的趋势。加强青少年心理健康教育已引起全社会的重视。习近平总书记在寄语希望工程时强调，让青少年健康成长，是国家和民族的未来所系。中共中央、国务院发布的《"健康中国 2030"规划纲要》提出要加大全民心理健康科普宣传力度，提升心理健康素养。

　　学校是开展青少年心理健康教育的主要阵地，而班队活动是学校心理健康教育的主要途径之一。班队活动是学校对青少年进行思想政治教育、道德教育、法治教育和心理健康教育的重要渠道，其开展形式主要有班会课、少先队活动、共青团活动和心理健康教育活动。学校往往通过班队活动对青少年进行价值观、人生观和世界观的引导，开展行为准则、法律法规、道德规范的教育和普及，却忽视了其心理健康的教育功能。

　　班队活动和心理健康教育在性质、内容及教育效果上是相辅相成的。首先，活动课程是班队活动的主要开展形式，这正符合心理健康教育课程的性质，即理论课程和活动课程结合、偏重活动课。在青少年心理健康维护的过程中，教师除了让他们了解基本的心理健康常识，更多是通过案例分析、角色扮演、心理测试等活动让他们在实践操作的过程中感悟和领会、内化促进自身心理健康发展的知识和技能。其次，班队活动的内容包括思想政治教育、道德教育、法治教育和心理健康教育，现有的班队活动大多围绕前三个方面开展，而以心理健康教育为主题的班队活动也是不可或缺的。只有心理健康的个体，才能拥有真正健康的价值观、人生观和世界观，成为促进社会发展、经济建设的后备力量。最后，班队活动中的思想政治教育、道德教育、法治教育和心理健康教育是相互交融、相互促进的。例如，思想政治教育可以培养学生的集体主义、爱国主义等高级情感，道德教育可以培养学生感恩的心理品质，法治教育可以培养学生的自我控制能力。

利用班队活动开展青少年心理健康教育活动，一方面，有利于丰富学校心理健康教育活动的形式，提高学校心理健康教育的有效性；另一方面，有利于帮助青少年建立清晰的自我认知，提高情绪调控能力，掌握适度的人际交往技能，提高学习积极性，合理进行职业规划，从而促进青少年的心理健康发展。

在本书的编写过程中，作者坚持以习近平新时代中国特色社会主义思想为指导，全面落实立德树人的总体要求，结合多年的实践经验，将心理健康教育和班队活动在内容、形式上有效结合起来，围绕青少年心理健康教育的八个方面——自我意识的发展、情感教育、人际关系教育、青春期性教育、学习心理指导、职业指导与规划、生活休闲指导、生命教育，设计了多个主题鲜明，具有时代性、新颖性、趣味性和可操作性的活动方案，并将这些方案用于一线教学，对实践结果进行反思，并修改、完善方案，最终形成了《心理健康教育班队活动的设计与实施》。本书中的活动方案基本上以青少年为活动对象，在活动内容、形式上尽量选择适合青少年的主题，心理健康教育及班队活动组织者在使用过程中可以根据活动对象的特点和需求对方案进行适当调整。

希望本书能够成为辅助学校班队活动组织者、高校师范专业学生及心理健康教师开展班队活动、心理健康活动设计与实施的实操工具。首先，本书可以作为学校班队活动组织者的工具书，使他们可以选取不同主题的活动方案加以实施；其次，本书可以作为高校师范专业学生进行班队活动、心理健康教学技能训练的教辅材料，帮助他们掌握活动方案设计的格式、活动形式等，通过活动方案的实践有效提高自身能力；最后，本书可以作为学校心理健康教育教材，使教师在授课过程中通过活动实践促进学生的身心健康发展。

本书作者胡春梅、王蕾、何华敏为重庆文理学院心理学教授，钱间建为校党委学生工作部处长，何玲玲为校教育学院副书记，均具有丰富的青少年心理健康教育工作和班队活动开展经验，多次为重庆师生开展心理健康教育讲座，承担心理健康教育课程与活动的策划与实施、心理健康教育师资培训等工作。

在本书的撰写过程中，胡春梅负责第一、第四、第五章的撰写，王蕾负责第二章的撰写，何华敏负责第三章的撰写，何玲玲负责第六、第七章的撰写，钱间建负责第八章的撰写。

本书为教育部人文社会科学研究项目"互联网时代青少年危险行为产生的心理机制研究"（20XJA190002）、重庆市永川区社会事业与民生保障项目"永川区青少年危险行为筛查预警及积极干预技术的开发与应用"（Ycstc，2020cc1301）阶段性成果，为重庆文理学院特色应用型教材。

由于作者的能力有限，本书难免有不足及疏漏之处，敬请广大读者批评指正！

编者

2022 年 6 月

目　录

第一章 自我意识的发展

认识自我，健康成长

一、活动主题

认识自我，健康成长。

二、活动背景

自我意识是个体对自身和周围事物之间联系的认识，是一个人个性或人格的核心，包括自我认知、自我体验和自我调节。自我认知是自我意识的认知成分，包括自我观察、自我分析和自我评价等。一个人只有认识了自己，才能认识自身之外的客观事物，才能自觉、自律地行动，才能促进自身的不断完善。

青少年的自我意识具有以下特点。

（一）有强烈的独立意识

青少年生活在一个社会开放、大众传媒发达，且生活方式、思想观念、价值取向多样化的时代，面临着多重选择，有独立思考、自主探索的强烈愿望。他们不仅关注自己的行为和外表，而且关注自己的能力、兴趣、性格等，力图使自我形象更加完美。

随着自我认知的扩展，他们产生了强烈的独立意识，希望自己的事自己做主，包括对人生目标的定位、对人际关系的选择、对升学和就业问题的考虑等。这种意识的产生说明他们能够积极地思考、选择和把握自己的命运，他们的自我意识日趋成熟。

（二）有高度的自尊心

青少年生活在一个充满竞争的时代，面临着学习、升学、择业等多方面的压力，有强烈的竞争欲望和不服输的劲头。同时他们也有强烈的表现欲望，会在竞争活动中努力表现自己，希望得到他人的肯定。当代青少年有较强的自尊心，迫切希望得到他人的尊重，并能采取行动去赢得他人的尊重。

(三)追求自我价值的实现

青少年不仅有主见，善于独立思考，而且有理想、有抱负。他们渴望参与成人的组织和社会活动，希望能像成人那样干出一番事业来，并极力表现出成人的作风和气魄，渴望尽快实现自我价值。为此，他们积极参加各种社团活动，自发形成各种非正式群体，并自主开展活动。

成人必须及时调整教育态度与教育方式，引导青少年形成正确的自我观，激发他们的自尊心和自信心，指导他们进行自我调节，使他们不断完善自我、超越自我，从而促进其自我意识的发展。

三、活动目标

①认知目标：知道正确认识自我的重要性。

②态度及情感目标：树立正确、积极的自我意识，学会悦纳自我。

③能力及问题解决目标：掌握客观、准确地认识自我的方法，克服自我意识的困扰，促进身心的健康发展。

四、活动时间

各学期均可。

五、活动地点

桌椅可灵活移动、配有多媒体设备的教室。

六、活动对象

初、高中及大学生。

七、活动形式

知识讲授、团体活动、小组讨论。

八、前期准备

①制订活动方案及制作相应的PPT。

②准备 A4 纸、纸条和镜子(具体数量根据学生人数确定)。在活动开始前将相关材料发给学生。

③按照学号的尾数对学生进行随机分组，每组 6 人左右，并选定小组长。

④根据学生组数调整教室内的桌椅数量，每组学生围坐在一起。

⑤准备歌曲《开学第一课》。

九、活动流程

(一)活动："镜中我"

从自我的内容上来划分，自我可以分为生理自我、心理自我和社会自我。生理自我是指个体对自己生理属性(如身高、体重、长相等)的认识，心理自我是指个体对自己心理属性(如能力、气质、性格等)的认识，社会自我是指个体对自己社会属性(如自己在各种社会关系中的角色、地位、权利等)的认识。

生理自我是自我意识最原始的形态，表现为对身体健康和外表美的追求、对物质欲望的满足或对自己所有物的维护。

外表是我们留给他人的第一印象。每个人对自己的认知评价都有所不同，那么我们眼中的自己是什么样子的呢？让我们一起通过"镜中我"活动来了解生理自我。该活动有以下五个步骤。

第一步：观察镜中的自己。小组成员照镜子，认真观察镜中的自己，然后在纸条上写一句话来描述自己的外表，不署名。

第二步：收纸条并打乱顺序。小组长收小组成员的纸条，并打乱顺序。

第三步：交流、分享。小组长念出纸条上的内容，小组成员猜测纸条的主人是谁。

第四步：小组讨论。小组成员讨论被别人猜出或没有被猜出的感受，轮流发表自己的意见。

第五步：小组代表与全班同学分享。小组长将小组成员的分享详细记录、汇总，与小组成员就本组的活动感受达成一致。各小组派一位代表与全班同学分享本组的感受。

(活动结束。)

人最难的不是认识别人，而是认识自己。看到自己的优点容易，发现并承认自己的缺点却很难。

生理自我的特点大多来自遗传，是不会改变的。我们要学会客观地认识生理自我，形成正确的自我认知。①内在美是更重要的，外貌并不能决定人所取得的成就。美丽的外貌能够让人赏心悦目，但更重要的是具有内在美，知书达理、温和谦让更能够体现一个人的魅力。②外貌并不能决定人的受欢迎程度。随着年龄的增长，青少年的自我认知在不断地发展，批判性思维也在不断地发展，他们对朋友的要求越来越和人格高尚、志趣相投结合在一起，并不会仅仅根据外貌来选择人际交往的对象。③自信的人最美丽。无论外表如何，只要你自信起来，别人会通过你的眼神看到你的坚毅，你会在不同的场合展现你的能力，让人感受到你由内向外散发的魅力。

外貌一般是无法改变的，我们应该学会去接受它，要认识到"金无足赤，人无完人"。成年后可以通过化妆、服装搭配等方式来修饰和弥补自己的不足之处。越是认识到自身外貌的不足，越是要更多地丰富自己的内在，让自己成为一个真正强大的人。

在对生理自我有了基本认识后，我们再来看看心理自我，更加深入地剖析自己，从心理的角度来分析自己。

(二)活动："心中我"

心理自我是个体对自己心理属性(如能力、气质、性格等)的认识，在情感体验上表现为自信或自卑，在意向上表现为追求智慧和能力的发展，注意行为要符合社会规范。

正确认识自己，是一项终身事业。在人生路上的每一个转折点、每一个岔路口，只有清楚地认识自己、把握自己，才能掌好人生之舵。让我们一起通过"心中我"活动来了解心理自我。该活动有以下三个步骤。

第一步：制作自己的名片。

同学们看到桌上的 A4 纸了吗？每人一张，首先，你需要在纸上写下自己的姓名、昵称、性格特征和兴趣爱好，方便大家更深入地了解你；其次，你需要想一个能代表你的或者你最喜欢的动作，在大家交流时需要配合你的名片做出这个动作。这个活动可以使大家加深对你的认识。名片制作的时间为一分钟。

我的姓名：＿＿＿＿＿＿＿＿＿＿

我的昵称：＿＿＿＿＿＿＿＿＿＿

我的性格特征：＿＿＿＿＿＿＿＿＿＿

我的兴趣爱好：＿＿＿＿＿＿＿＿＿＿

(播放歌曲《开学第一课》，学生完成名片制作。)

第二步：小组交流与互动。

小组内的同学都已经完成了名片制作，现在请大家向小组成员介绍自己的名片。在介绍自己的姓名、昵称时，做出想好的动作，然后介绍自己的性格特征、兴趣爱好。

(学生交流。)

第三步：上台展示。

现在请每个小组推选一位同学来和大家分享他的名片。

（小组代表上台分享。）

我们写出的这些性格特征和兴趣爱好都是我们眼中的自己所具有的，为什么交流、互动的时候会有同学感到惊讶呢？因为他眼中的你和你眼中的自己有一定的差异。只有真正地认识自己，了解自己的内心，知道别人眼中的自己和自己眼中的自己的不同，我们才能更清晰地认识自己。

通过刚才的活动，同学们对生理自我和心理自我已经有了一定的了解，但它们都是建立在自我评价的基础上的。要想全面了解自我，不能只考虑自我的评价，还要考虑周围人对自我的评价，建立社会自我。

(三) 正确认识自我的方法

1. 在自我观察和内省中认识自我

学会自我观察和内省，是认识自我的重要途径。如果不能认真倾听自己的内心，认真审视自我，我们就很难了解自己的思维、情绪和行为。认识自我需要一定的勇气和对自己负责的精神。

2. 在别人的态度中认识自我

当局者迷，旁观者清。他人就是一面镜子，通过旁观者的眼睛，我们能更加客观地认识自我。父母、老师、同学和朋友等对我们的能力、性格各方面都比较了解，多与他们沟通与交流，了解他们对自己的看法，我们就能多角度地认识自我。

3. 在实践的检验中认识自我

认识自我的基本方法之一就是在生活实践中总结经验教训，证明自身的价值，更好地发掘自己的潜能。当面对自己喜欢的事情时，抓住机会，去试一试，不要害怕失败。

(四) 活动结束

人的一生就是不断地认识自我、理解自我的过程。正确地认识自我能够完善、提高自我；错误地认识自我则会使自己沉溺在自我的世界不能自拔，甚至可能会因此失去生命。

人贵有自知之明。只有正确地认识自己、客观地评价自己、愉快地接纳自己，才能发展自己、成就自己，从而实现自己的人生价值。

十、活动总结

①对活动过程进行总结，找出活动中出现的问题，并撰写反思报告。

②结合反思报告，调整活动方案。

十一、活动预算

根据具体实施情况对所要购买的物品做预算。

十二、注意事项

①在学生认识生理自我的过程中，注意引导学生接纳自身的优缺点。

②督促小组成员在活动过程中积极参与。

认识心理健康，正视自我状态

一、活动主题

认识心理健康，正视自我状态。

二、活动背景

一般认为，健康是指个体生理、心理和社会适应三个方面全部良好的一种状态，而不仅仅指没有疾病或体格健壮。这一概念全面概括了健康的三个方面。

随着我国经济的飞速发展，人们的物质生活质量得到了极大提高，对精神层面的关注也不断提高，特别是开始重视个体的心理健康。随着网络的普及，人们上网越来越方便，随时都能在网上获取自己所需要的各种信息。很多人对心理健康的关注始于网络。这种途径能够帮助个体及时查阅与自身心理问题相关的信息，引起个体对自身心理健康状况的重视，但是也容易使人们对某些常见的心理问题产生误解，如将"有抑郁情绪"误认为"患有抑郁症"，将"有强迫倾向"误认为"患有强迫症"……这会使个体对自身的心理健康状况产生不正确的认识，导致个体不能正确分析自身的心理健康状况。

近年来，青少年心理健康问题的发生率不断增高，社会、学校、家庭对青少年心理健康的关注也不断提高。各种外在措施固然重要，能够很大程度地促进青少年的心理健康发展，但引导和加强他们对自身心理健康状况的认识与维护更加重要。只有真正了解心理健康的重要性，才能及时发现自己的心理问题，通过自助、向外界求助等多种手段解决问题，真正促进自身心理的健康发展。

三、活动目标

①认知目标：了解心理健康的标准。

②态度及情感目标：正确面对心理健康问题，形成积极寻求帮助的主动意识。

③能力及问题解决目标：能够对照心理健康标准初步判断自身的心理健康状况，积极寻求帮助。

四、活动时间

各学期均可。

五、活动地点

桌椅可灵活移动、配有多媒体设备的教室。

六、活动对象

初、高中及大学生。

七、活动形式

案例分析、知识讲授、小组讨论。

八、前期准备

①制订活动方案及制作相应的PPT。
②班长提前熟悉心理健康维护宣誓词。
③准备活动的相关案例。

九、活动流程

(一)心理健康是什么

同学们，你健康吗？

（学生回答。）

你能告诉大家健康包括哪些方面吗？

（学生思考，教师请几位学生回答。）

看来同学们都关注到了自身的健康。一般认为，健康是指个体生理、心理和社会适应三个方面全部良好的一种状态，而不仅仅指没有疾病或体格健壮。心理和社会适应两个方面其实都可以被划分到心理健康层面，心理和社会适应良好就是具有良好的心理适应能力和调适能力——心理健康状况良好。

你能告诉大家什么是心理健康吗？

（学生回答。）

从广义上讲，心理健康是个体的一种满意的心理状态；从狭义上讲，心理健康是个体的知、情、意、行的统一，是人格完善、社会适应良好。我们通过一个小测试来帮助同学们了解自己的心理健康水平。下面的每个题目都有4个备选答案，请根据你的实际情况选择一个最适合你的答案：A表示最近一周内出现这种情况的时间不超过 1 天；B 表示最近一周内有1～2天出现过这种情况；C 表示最近一周内有 3～4 天出现过这种情况；D 表示最近一周内有 5～7 天出现过这种情况。

①我因一些事而烦恼。

②胃口不好，不大想吃东西。

③心里觉得苦闷，难以消除。

④总觉得自己不如别人。

⑤做事时无法集中精力。

⑥自觉情绪低沉。

⑦做任何事情都觉得费力。

⑧觉得前途渺茫，没有希望。

⑨觉得自己的生活是失败的。

⑩感到害怕。

⑪睡眠不好。

⑫高兴不起来。

⑬说话比往常少了。

⑭感到孤单。

⑮人们对我不太友好。

⑯觉得生活没有意思。

⑰曾哭泣过。

⑱感到忧愁。

⑲觉得人们不喜欢我。

⑳无法继续日常工作。

计分方式：答 A 计 0 分；答 B 计 1 分；答 C 计 2 分；答 D 计 3 分。最后各题得分相加，统计总分。

测试结果解析：

16 分或 16 分以下，说明你可能有轻度的心理困扰，可尝试进行自我心理调适。

16 分以上，说明你有较严重的心理困扰，应及时向外界寻求帮助，也可以考虑到专业机构或医院进行心理咨询。

（学生做测试并评分。）

心理健康的标准是什么，前后 4 人一组围绕这一问题进行交流，并请一位同学记录大家的交流结果，稍后请几位代表和全班同学分享。

（学生讨论、交流并完成记录。教师邀请几位学生代表和全班同学分享，在分享过程中，教师在黑板上简单写下学生回答中的关键词。）

谢谢几个小组的分享，大家看看黑板上的关键词，同学们都说到了判断心理健康状况的某些方面，但是并不全面。这次活动，老师主要带大家一起了解了心理健康的标准，希望大家在学习和生活中能够按照正确的标准来评估自己的心理健康状况。

（二）心理健康的标准

1. 智力正常

衡量个体智力高低的标准是智商，是在个体进行智力测验之后得到的。人们的智商水平总体呈正态分布，绝大多数人的智商处于正常水平，极少数人的智商处于超常水平或低水平。同学们，那你的智商处于什么水平呢？

（学生回答。）

是的，我们的智商大多都处于正常水平，有的同学可能比正常水平稍微高一些，有的同学可能稍微低一些，但都是正常的。

下面我们来做一个案例分享。

舟舟是一名先天愚型儿，成年后的智力只相当于几岁的小孩。由于生下来就有智力缺陷，他的父母没有送他去幼儿园。舟舟的父亲是武汉交响乐团的低音提琴手，每次去乐团排练，父亲都会带舟舟一起，舟舟则在旁边观察，他对乐团的指挥观察得相当仔细。在一次排练休息时，乐手们和他开玩笑，让他指挥。结果，舟舟毫不怯场，爬上指挥台，举起指挥棒，将指挥的动作都做了出来，并指挥大家完成了《卡门》的演奏，让大家看到了他的指挥才能。

同学们，舟舟的事例让你想到了什么？

（学生思考，教师请几位学生回答。）

智力的高低并不能决定人生的成败。有智力缺陷的舟舟找到了自己的特长并将它发挥了出来，取得了属于自己的成功。我们每个同学都是智力正常的，只有找到自己的特长，付出努力，才能取得自己想要的成绩。

2. 情绪状态适中

情绪是人们的客观需求是否得到满足而引起的情感反应。主要从以下几个方面来判断个体的情绪状态是否适中。

（1）情绪是由适当的原因引起的

情绪是由相应的原因引起的。考试考好了你会很开心，考砸了你会失望和难受，这都是正常的情绪反应。假如考试考砸了你很开心，这就说明你的情绪是不正常的，自己需要反思为什么会出现这样的情况。如果自己解决不了困惑，就应该及时向家人、老师或朋友求助。

（2）情绪的持续时间是随着客观情况的变化而变化的

无论你产生了哪种情绪，这种情绪持续的时间都是会发生变化的，而且时间的长短和引起该情绪的事件的性质相匹配。例如，你的生活发生了重大变故，你的忧伤情绪持续的时间可能就比较长；而丢失了一支铅笔，你可能只会觉得有一点遗憾，而不会伤心很久。

如果个体长时间地陷入一种情绪中走不出来，就可能会患上情绪方面的心理疾病，典型的例子就是抑郁症。个体如果因为在生活和学习中受到挫折而长期处于伤心、抑郁的情绪中，就可能患上抑郁症。因此，当你发现自己长时间被某种情绪（特别是不良情绪）困扰时，应该及时向外界寻求帮助。

（3）情绪的主流是愉快的、稳定的

只有我们情绪的主流是愉快的、稳定的，我们才会拥有健康的心理状态。

现在请同学们根据以上三个方面判断自己的情绪状态是否适中。

（学生做出判断。）

同学们，一旦发现自己的情绪状态异常，陷入某种情绪中长时间走不出来，或情绪的主流常常是低沉的、悲伤的，应该提高警惕，及时向外界寻求帮助，将自己的情绪状态调整到适中水平。

3. 意志健全

意志是有意识地支配、调整自己的行为，克服困难，实现预定目的的心理过程。只有具有健全的意志，人们才能在生活中战胜困难和挫折，取得自己想要的成就，达成想要的目标。

意志主要包括独立性、果断性、坚持性和自觉性四个方面。老师会一一给同学们解释，同学们一边听一边对自己的这四个方面进行判断，看一看自己的意志是否健全。

（1）独立性

独立性指一个人不屈服于周围人的压力，不随波逐流，能够根据自己的认识与信念独立地做出并执行决定。需要注意的是，独立并非武断，而是个体在充分考虑后能够做出并执行决定。

（2）果断性

果断性指个体能够根据情况当机立断，毫不犹豫地做出并执行决定。其反面表现为优柔寡断，遇事犹豫不决。

（3）坚持性

坚持性表现为个体在行动中能够坚信自己决定的合理性，并坚持不懈，克服困难，为执行决定而努力，直至达成既定目标。

坚持性不同于执拗：坚持性产生于达成目标的过程中，是理性的，个体能够客观分析各种情况，并适时调整状态以更好地坚持；执拗则是对不理性的行为或目标执迷不悟，或明知不能达成目标却一直坚持。

（4）自觉性

自觉性指个体具有善于掌握和支配自己行为的能力，表现在意志行动的全程中。具有自觉性的个体能够进行自我监控，不受无关因素的影响；能够控制不良情绪，调整不良行为，督促自己坚持完成目标。

4. 人格统一

人格指一个人的整个精神面貌，即具有一定倾向性的心理特征的总和。每个人的人格都是独特的，人格的统一要建立在对自我清晰的认识上。

我们可以从以下几个方面来判断自己是否具有清晰的自我认识。①过去自我、现在自我和将来自我的一致性。我们要接纳过去的"我"、安于现在的"我"、具有适度的理想的"我"。从总体上来看，三个"我"是和谐的。②主观自我和客观自我的一致性。个体自己眼中的"我"要和别人眼中的"我"基本一致，如果差距过大，可能是因为自我评价过高或过低。③坚持自我反思，不断完善自我。在生活中，我们要有自我反思的习惯，善于自我分析，找出自己的优势和不足，扬长避短，自我改进和完善。

同学们，你的人格是否统一呢？

（学生根据以上三个方面进行判断。）

自我在不断地发展和完善，只有自我和谐，我们才会有统一的人格。我们要善于从他人那里获取自我的相关信息，不断调节自我，维护心理健康。

5. 人际关系和谐

同学们，你对自己的人际关系满意吗？

（学生思考并回答。）

人际关系指人们在生活中建立的一种社会关系。人际关系和谐是心理健康的重要标准，也是维持心理健康的重要条件之一。人际关系和谐的标准主要体现在以下三个方面：①个体拥有相对广泛的人际交流圈；②在人际交往中能够独立思考，有主见，不人云亦云，不盲从；③在人际交往中能够尊重他人、坦诚相待。

人际交往问题是青少年常见的心理问题之一，很多同学都有不同程度的人际交往问题。例如，缺乏人际交往的意愿，不敢主动与他人交往；缺乏人际交往的技巧，不知如何与他人交往；不懂人际交往的基本原则，错误地与他人交往……这些都会影响我们的人际关系。因此，在生活中，我们要关注自身的人际交往状况，及时调整自己的人际关系，创造良好的人际氛围。

6. 与社会要求协调一致

我们一出生就进入了社会，在社会化的过程中成长。社会化是个体在社会环境中学习并掌握知识、技能、道德规范、行为准则、法律法规等，形成人生观、价值观等，适应社会并积极作用于社会的过程。

人的本质是一切社会关系的总和。脱离了社会，人就只是生物人，而不是社会人。要想成为一名心理健康的社会人，个体必须与所处的社会要求协调一致。首先，个体需要自觉遵守道德规范、行为准则、法律法规。其次，当某些需求和社会环境需求相矛盾时，个体能够综合考虑实际情况，做出符合社会需要的决定。最后，个体在社会化的过程中逐渐内化各种道德规范、行为准则、法律法规等，将其作为自身的处事标准等。如果做到这三点，个体就能较好地与社会要求协调一致；反之，个体就会时常处于与社会的冲突中，容易出现偏执、焦虑、抑郁等问题。

7. 心理特点符合年龄特征

人的一生包括不同的年龄阶段，每个年龄阶段的心理发展都表现出相应的特征，被称为心理年龄特征。美国心理学家埃里克森将人的一生划分为八个阶段，提出了个体在每个阶段面临的心理冲突及应该完成的心理发展任务。埃里克森认为，个体如果解决了相应阶段的心理冲突，就会获得有利于心理健康发展的品质，从而顺利进入下一阶段；反之，个体如果没有解决相应阶段的心理冲突，就会影响整体的心理健康水平。

第一阶段：婴儿期（0～2岁），主要任务是满足生理上的需要，发展信任感，克服不信任感，体验希望的实现。

第二阶段：儿童早期（2～4岁），主要任务是获得自主感，克服羞怯和疑虑，体验意志的实现。

第三阶段：学前期（4～7岁），主要任务是获得主动感，克服内疚感，体验目的的实现。

第四阶段：学龄期（7～12岁），主要任务是获得勤奋感，克服自卑感，体验能力的实现。

第五阶段：青年期（12～18岁），主要任务是建立同一感，防止同一感混乱，体验忠实的实现。

第六阶段：成年早期（18～25岁），主要任务是获得亲密感，克服孤独感，体验爱情的实现。

第七阶段：成年中期（25～50 岁），主要任务是获得繁殖感，避免停滞感，体验关怀的实现。

第八阶段：老年期（50 岁至死亡），主要任务是获得完善感，避免失望、厌倦感，体验智慧的实现。

同学们，请你根据自己的实际年龄，看一看自己属于哪个阶段，应该完成什么任务，和同桌交流任务的完成情况。

（学生讨论、交流。）

（三）宣誓活动

以上就是判断心理健康的七个方面。当你感觉自己的状态不好时，可以试着找出是哪个方面出现了问题，然后通过自我调适或向外界求助的方式解决问题，维护自身心理健康。

同学们要正视自己的心理健康问题。没有一个人的心理是绝对健康的，每个人都会因为生活中发生的事情而产生各种心理问题，如焦虑、忧伤、强迫等。因此，当我们出现心理问题时，不要羞于启齿，也不要随意到网上查询资料，而是跟家人、老师等进行沟通和交流，有必要的话到专业机构寻求帮助。

最后，我们进行宣誓活动，坚定维护心理健康的决心。

全班起立，立正，由班长带领大家宣誓，全班同学跟着班长念出誓词。

（学生宣誓。宣誓内容：我郑重承诺，正视自身的心理问题，及时寻求心理援助，维护自身心理健康！）

祝愿每位同学都拥有健康的心理！

十、活动总结

①对活动过程进行总结，找出活动中出现的问题，并撰写反思报告。

②结合反思报告，调整活动方案。

十一、活动预算

根据具体实施情况对所要购买的物品做预算。

十二、注意事项

①引导学生结合自身实际情况理解心理健康的标准。

②结合教学对象的年龄讲解相应发展阶段的内容。

战胜自卑，扬起自信的风帆

一、活动主题

战胜自卑，扬起自信的风帆。

二、活动背景

自卑是青少年常见的心理问题之一，指由于各种原因对自己的智力、能力等感到怀疑并做出过低评价时所产生的心理感受。自卑者在生活中表现出对自己没有信心，畏首畏尾，遇事随声附和、退缩，没有主见，归因方式有误，一遇到负性事件就归因于自己，低估自己的能力，总觉得自己在各方面都不如他人。自卑者通常表现出害羞、内疚、忧郁……

自卑对青少年来说是一把双刃剑。一方面，自卑可以成为人不断超越自己的动力，使人不断克服自己的弱点，让自己变得更好；另一方面，自卑会使人对自身能力、品质等做出偏低的或消极的评价，在学习和生活中缺乏信心，注意力不集中。他们在遇到有挑战性的任务时往往会逃避、退缩，甚至对那些稍加努力就可以完成的任务也往往会因自叹无能而轻易放弃。青少年尚处于心理发展不稳定的阶段，情感的波动和思想观念的变化会影响他们的学习和生活。总体来说，自卑对青少年的弊大于利。

目前，家庭经济状况、成长经历、性格等容易影响青少年的自卑心理。①家庭经济条件较差的青少年容易产生自卑心理。由于受不良风气的影响，一些家庭经济条件较差的青少年会觉得自己在衣着、饮食等方面不如别人，感觉没有面子，进而产生自卑心理。②对于在成长过程中受过打击的青少年，如果他们的不良情绪没有得到合理的疏导，可能会失去自信，产生自卑心理。③部分青少年由于性格内向、敏感，对一些消极事件过于重视，不良情绪不能得到及时、恰当的宣泄和排解，进而产生自卑心理。除了身边的伙伴外，与青少年最亲近的就是家长和教师。当青少年出现心理问题时，家长和教师要能及时发现，并帮助青少年走出这种心理困境。他们需要及时和自己信任的人交流，从而正确评价自己。

青少年的身心健康发展对国家而言有着重要的意义。只有拥有自信、敢于迎接挑战的青少年才能为国家的发展更好地做出贡献。学校教育和家庭教育都要注重培养青少年的自信心。除了外部关注外，青少年自身也应该加强对自信心的关注，克服自卑，扬起自信的风帆。

三、活动目标

①认知目标：了解自身的自卑状态及自卑的危害，了解自己的自信水平。

②态度及情感目标：培养主动发掘自身优点的意识。

③能力及问题解决目标：了解自身的优点，并学会通过自我暗示树立自信心。

四、活动时间

各学期均可。

五、活动地点

桌椅可灵活移动、配有多媒体设备的教室。

六、活动对象

初、高中及大学生。

七、活动形式

知识讲授、量表测试、团体活动、小组分享。

八、前期准备

①制订活动方案及制作相应的 PPT。

②准备歌曲《大梦想家》。

③准备罗森伯格自信心量表。

④准备 A4 纸若干。

九、活动流程

(一)活动导入

我们来欣赏一首歌曲——《大梦想家》。

（教师播放音乐，学生认真听。）

正如歌中唱到的那样，"只要你敢想就算没到达理想，至少有回忆珍藏"，要成功首先要"敢想"，要有"敢想"的勇气就必须有自信。自信是向成功迈出的第一步。

同学们，你们有自信吗？

（学生回答。）

在这次活动中，老师会带大家了解自己的自信水平，并适当地对其进行调整。我们既不能过于自信，因为这样可能会使我们自傲；也不能过于自卑，因为这样可能会使我们失去对生活和学习的热情。

（二）自信水平测试

我们通过一个心理测试来了解自己的自信水平。老师会给每位同学发一份罗森伯格自信心量表（见附件），请同学们拿到量表后按照要求认真完成。注意，请根据自己的第一印象进行选择，不要过多思考。同时，在完成测试的过程中请不要交头接耳，不要和别人讨论。如果对量表中的内容有疑问，请举手，老师会帮你解决。完成时间为 3 分钟。

（教师分发罗森伯格自信心量表，学生完成。）

同学们都完成了量表，请大家按照计分规则计算自己的得分。

1. 讲解计分规则

每个题目都有 4 个选项，从"1"到"4"分别代表从"非常不同意"到"非常同意"。其中，第 1、第 2、第 4、第 6、第 7 题为正向计分，所选答案的数字就是本题得分；第 3、第 5、第 8、第 9、第 10 题为反向计分，即选 1 计 4 分，选 2 计 3 分，选 3 计 2 分，选 4 计 1 分。

请根据自己的选择确认每个题目的得分，并将每个题目的得分相加，最后得到的总分就是本次测试的得分。

（学生按照计分规则进行计分。）

2. 分析测试结果

同学们都计算出了自己的得分，接下来看看你处于何种自信水平。

得分为 10～15 分：自卑。你对自己缺乏信心，在生活中总是感觉自己事事不如别人，时常感到自卑。你非常需要提高自信心。

得分为 16～25 分：自我感觉一般。你的自我感觉既不太好，也不太差；在某些场合会感到自信，但在某些场合会感到自卑。你需要保持稳定的自信水平。

得分为 26～35 分：自信。你的自我感觉良好。在大多数场合，你都充满自信，不会在陌生人面前感到紧张，也不会因为没有经验就不敢尝试。你需要在不同场合调整自信心。

得分为 36～40 分：超级自信。你的自我感觉太好了。几乎在所有场合你都充满自信，但需要注意自己是否过于自信，学会控制你的自信心，变得自谦一些。

同学们都对自己的自信水平有了初步了解。有的同学得分很高，看起来比较兴奋；有的同学看上去有点低落，可能是对自己的得分不满意。没有关系，大家不要过于在意，这都是你以前的状态。希望通过今天的活动，同学们能够调整自己的自信心。

（三）了解自卑的危害

很多同学以前都没有意识到自己处于自卑状态，不清楚自卑会给身心健康带来什么样的负面影响，因此也就没有改变自身状态的动力。

首先，请同学们前后 4 人一组进行头脑风暴，讨论自卑会有什么负面影响。之后，老师会请几位同学和全班同学进行分享。

（学生讨论、分享。）

正如同学们分享的一样，自卑会带来负面影响，概括起来主要有以下三个方面。

①敏感多疑。自卑会使个体变得敏感多疑。自卑的人常常会对周围人的言行过于敏感，怀疑他人会嘲笑或鄙视自己，或认为自己有很多缺点，非常介意他人对自己的态度；做事不够果断，在下决心前摇摆不定、畏首畏尾，事后常后悔做出的决定，并焦虑不安、唉声叹气。

②性格孤僻。自卑会影响个体的人际关系，使个体在人际交往中退缩，久而久之，导致个体不愿或害怕和他人交往，形成逃避现实的孤僻性格，甚至表现出灰心失望、悲观厌世的消极人生态度。

③遇事退缩、回避。自卑的人对自己没有信心，一旦遇到有挑战性的事情，第一反应就是"我不行"，因此往往退缩、回避，放弃锻炼自己的机会。

自卑会使个体变得消极、孤僻、退缩。自卑的人常常表现为垂头丧气、愁眉苦脸，不会露出自信的微笑；在学习上总认为自己不行、自己很笨，在生活上也觉得别人看不起自己。长此以往，自卑会对个体的身体、心理和社会适应能力产生负面影响。

也许自卑者本身意识不到自己有这些表现，既然现在大家都知道了自卑者是这样的，我们一定要摆脱自卑，树立自信，好好学习和生活，这样才能感受到真正的快乐！

（四）游戏："其实我很棒"

我们每个人都有很多优点，但是在日常生活中我们常常忽视自身的优点，而过于关注自身的缺点，让缺点蒙蔽了我们的眼睛。其实，我们每个人都很棒，要善于发掘自己的优点。下面我们来做一个游戏——"其实我很棒"。

游戏规则：①前后 4 人一组，每位同学都有一张 A4 纸，请大家认真思考，在纸上写下自己的名字和三个优点；②将手中的纸按照顺时针方向在组内传递，在纸上写出该同学的一个优点，一共传三轮，也就是说，每个人都要分别写出组内其他三位同学的优点；③写完后，请每个人面对小组同学大声念出自己的优点，在念的过程中用心去感受自己的优点；④小组分享结束后，我随机邀请几位同学念出自己的优点；⑤请几位同学谈谈活动感受。

（教师指导学生按照步骤逐一完成。）

同学们都很开心，通过这个活动，我们每个人至少有六个优点了。其实，你的优点远不止这些，你要学会用欣赏的眼光看待自己、悦纳自己。既欣赏自己的优点，也接受自己的缺点，这样你才能成为自信的人。

世上没有两片相同的叶子，每个人都是独一无二的。做一个自信的人，散发自己独特的魅力，体会自信带给自己的愉快体验，你会发现世界的美好。

（五）活动："我的座右铭"

接下来，请每位同学都想一句能够激励自我、树立自信的座右铭。想好之后，每位同学都要面对全体同学大声地念出自己的座右铭。

（学生思考并依次分享。教师提醒分享时一定要声音洪亮，如果个别同学的声音偏小，可以鼓励其重复几次。）

希望同学们将喜欢的座右铭贴在自己容易看到的地方。当你失去信心时读一读，当你懒惰时读一读，当你想要放弃时读一读。当你在读的时候，其实就是在对自己进行积极的暗示。自信的力量是无穷的，"说我行，我就行，不行也行"，一定要不断对自己进行积极的暗示。

每个人身上都有优点和缺点，只要你善于发现自己的优点，扬长避短，确定适合自己的目标，持之以恒，扬起自信的风帆，向目标一步步行进，成功终将属于你！

十、活动总结

①对活动过程进行总结，找出活动中出现的问题，并撰写反思报告。
②结合反思报告，调整活动方案。

十一、活动预算

根据具体实施情况对所要购买的物品做预算。

十二、注意事项

在分析自信水平的测试结果时，应激发学生克服自卑、树立自信的主动性。

十三、附件

罗森伯格自信心量表

指导语：以下是关于你的自我感觉的描述，请根据实际情况在每个题目后面相应的选项下面打"√"。1 代表非常不同意；2 代表不同意；3 代表同意；4 代表非常同意。

题目	1	2	3	4
1. 我认为自己是一个有价值的人，至少与别人不相上下。				
2. 我觉得我有很多优点。				
3. 总的来说，我觉得我是一个失败者。				
4. 我做事的能力和大部分人一样好。				
5. 我觉得自己没有什么值得骄傲的。				
6. 我对自己抱着肯定的态度。				
7. 总的来说，我对自己感到满意。				
8. 我希望我能够更多地尊重自己。				
9. 有时候我确实觉得自己很没有用。				
10. 有时候我认为自己一无是处。				

认识自我，接纳自我

一、活动主题

认识自我，接纳自我。

二、活动背景

世间最难之事莫过于认识自己。古往今来的哲学家们一直都在寻找自我、认识自我，正如笛卡儿所言："我思故我在。"

只有清晰地认识自我，个体才会发现自己的优点和缺点，才能更好地悦纳自己，并与他人良好地沟通和交流。青少年的自我意识在不断发展，在这一阶段，很多青少年都会出现自我概念不和谐、自我评价过低、自傲、自我中心等问题，这些都会对其身心发展产生不良影响，如性别角色认同失调、认知偏差、失去奋斗目标等。

三、活动目标

①认知目标：了解什么是自我意识，了解自身的特点。

②态度及情感目标：能够正视自我，具有完善自我、促进自我成长的主动意识。

③能力及问题解决目标：确立自我发展的目标，掌握促进自我顺利发展的方法。

四、活动时间

各学期均可。

五、活动地点

桌椅可灵活移动、配有多媒体设备的教室。

六、活动对象

初、高中及大学生。

七、活动形式

团体活动、小组讨论。

八、前期准备

①制订活动方案及制作相应的PPT。

②完成学生分组，分组方式根据学生的具体人数灵活决定。

③准备卡牌、A4纸若干。

④准备信纸、信封若干。

九、活动流程

（大家在进场前，先在门口抽一张卡牌，并被要求记住上面的花色，之后交还卡牌。）

亲爱的老师、同学们，大家上午好！我是今天活动的主持人。

我们都知道，对自我的认识不仅是一个永恒的哲学命题，也是一个复杂的实践问题。刻在阿波罗神殿的石柱上的那句"认识你自己"原意是劝诫人要有自知之明。言下之意，认识自己就是要认识到自己作为人的局限性。

今天我们就一起来认识一下自己。欢迎大家进入今天的主题班会——认识自我，接纳自我。

自我意识是个体对自身和周围事物之间联系的认识。老师带大家从清晰的自我认知、客观的自我评价、积极的自我提升、关注自我成长四个方面来认识自我，促进自我健康发展。

（一）清晰的自我认知

下面我们一起来做"我是谁"活动。每位同学都有一张 A4 纸，请大家在5分钟内尽量多地在纸上写下"我是谁"，写得越多越好。

（教师在学生写的过程中观察各组的情况。）

同学们都已经写完了，请数一数自己写了多少个。

（学生分享。）

请大家和小组内的同学分享自己写的"我是谁"，按照顺时针的顺序分享，请每位同学依次向全组大声地朗读"我是谁"。在朗读的过程中，仔细体会自己写的内容。

（学生朗读。）

刚才大家都和小组成员分享了自己写的"我是谁"。那么，我们的自我认知是否和自己完全符合？我们是否忽视了自己的某些特点？

请每位同学按照刚才的顺序与小组成员再一次分享"我是谁"。在每位同学分享完后，请小组成员依次补充该同学的其他特点，尽量说优点。

（学生分享，小组成员补充。）

请每个小组推选一位代表和全班同学分享你在"我是谁"活动中的感受。

（学生分享。）

通过"我是谁"活动，同学们进一步了解了自身的特点，了解到对自己的认识有时候是不全面的。我们要客观地看待自己，既看到自己的优点也看到自己的缺点，既欣赏自己的优点也接纳自己的缺点，充分认识自己的缺点，不断完善自我。只有客观地认识自我，我们才能更好地选择适合自己的学习方式、职业、朋友，才能健康发展。

（二）客观的自我评价

培养清晰的自我意识，除了自我认知之外，还应该对自己有客观的自我评价。接下来，我们通过游戏"你猜我猜"来了解你的自我评价是否客观。

我们要做的游戏叫"你猜我猜"，请大家用一张白纸写出你认为自己最明显的5～8个特征（如着装风格、外貌、兴趣爱好等），不要写名字，写完后交到老师这里。等会儿老师会随机抽几个分享，请大家来猜写的是谁。注意特征要尽量能够提高自己的辨识度。

（学生完成游戏任务，将纸条交到教师手中。）

老师随机抽取纸条（具体数量根据活动人数确定），先念纸条上写的"特征"，然后请同学们来猜念到的特征属于哪位同学。如果同学们都猜出来了，就请这位同学站起来和大家打个招呼，并分享自己被大家猜到之后的感受；如果猜不出来，就提醒该同学可能需要好好地思考"我是谁"。

（学生分享。）

刚才有同学被大家猜出来了，说明他对自己的评价和同学们对他的评价是比较一致的，也就是说他的自我评价比较客观；也有同学没有被大家猜出来，这可能是因为这位同学对自己的评价不够客观。希望同学们平时要多沟通和交流，取长补短，在相互交往中加深了解，共同成长。

（三）积极的自我提升

大家在游戏中已经认识到自己眼中的自己、理想中的自己和他人眼中的自己了，对自己有了更加全面的认识。现在的我们或许没有办法很快做出改变，但是一年后的自己会是什么样的？下面我们来写一封信，这封信是写给一年后的自己的，主题就是"未来的自己，我想和你说"。在这封信里，请你写下希望一年后的自己是什么样的……大家写好后，将信交给老师，等到明年的这个时候，老师会发给大家，到时大家打开自己的信，看看自己是否完成了目标。

（教师给学生分发信纸和信封，请同学们在信纸上写下想对一年后的自己说的话，最后封上信封，写上自己的名字和班级。教师要引导学生安静地思考，并完成写信、封信的过程。）

老师会帮大家好好保管，明年的这个时候我们再分享。

（四）关注自我成长

通过今天的活动，很多同学都更清楚地了解了自我，也确定了自我发展的目标和方向。但是我们要注意，成长并非一两天就可以完成的，它是一生的任务。在我们的人生中，除了身体的成长，还有另一种成长往往会被我们忽略，那就是心灵的成长。

史蒂芬·柯维把人的成熟分为三个阶段：依赖－独立－互赖。开始所有人都处在依赖阶段，慢慢地我们从依赖走向独立，然后从独立走向互赖，这个过程就是我们的自我成长。

自我成长体现在以下四个方面：心态、认知、自控力与人际关系。我们来一一了解，看看自己的成长状态如何。

①心态：我们无法掌控外界环境的变化，但可以让自己始终以最好的状态来应对外界环境的变化，用平和的心态应对那些未知的挑战。

②认知：我们无法完全客观地认识这个世界，无法轻易地了解事物发展的规律。当我们有更多的人生体验或阅读更多的书籍时，我们的自我认知才

会成长。

③自控力：没有人生来就具有强大的自控力，它来自我们在成长中的不断尝试和练习，使我们能够控制自己，收获不被本能轻易支配的自由。

④人际关系：我们不是孤立存在的，而是与很多人联系在一起的。拥有和谐的人际关系的人既能够坚持自我又能够体谅他人。

图 1-1 就是老师给大家推荐的自我成长圈。大家可以将图画在你容易看到的地方，定期对这四个方面的自我成长进行反思，并不断在反思中完善自己，促进自我成长。

图 1-1 自我成长圈

通过今天的活动，相信大家对自我有了清晰的认知、客观的评价、积极的提升，今后也会更加关注自我成长。祝福每位同学都能够健康成长！

十、活动总结

①在小组分享、讨论过程中，引导学生不评价他人的观点。

②督促学生积极参与活动，在活动中尽量说同学的优点。

十一、活动预算

根据具体实施情况对所要购买的物品做预算。

十二、注意事项

①在小组分享、讨论过程中，引导学生不评价他人的观点。

②督促学生积极参与活动，在活动中尽量说同学的优点。

第二章　情感教育

珍爱自己，远离抑郁

一、活动主题

珍爱自己，远离抑郁。

二、活动背景

当今社会的竞争日益激烈，人们很容易产生不同程度的抑郁情绪。近年来，抑郁症导致的自杀事件引发了外界对抑郁症的广泛关注，但社会大众对抑郁症与抑郁情绪仍存在误解，导致一些个体夸大了自己的抑郁情绪，将心理问题严重化。青少年正面临着学习、考研、就业等压力，这些可能会提高抑郁的发生率。

三、活动目标

①认知目标：了解抑郁情绪和抑郁症的区别及抑郁症的诊断标准。

②态度及情感目标：能够意识到及时应对抑郁症、抑郁情绪的重要性。

③能力及问题解决目标：正视抑郁症和抑郁情绪，掌握应对抑郁症和抑郁情绪的方法。

四、活动时间

各学期均可。

五、活动地点

桌椅可灵活移动、配有多媒体设备的教室。

六、活动对象

初、高中及大学生。

七、活动形式

视频赏析、知识讲授、团队游戏。

八、前期准备

①制订活动方案及制作相应的 PPT。

②准备活动的相关视频。

③准备水彩笔和气球若干。

④准备歌曲《我的未来不是梦》。

九、活动流程

(一)活动导入

青春是一本书,有悲伤也有欢乐;青春是一个苹果,有甜也有涩;青春是一条路,有平坦也有坎坷。青春应该是美好的,是充满阳光的。可是,在美好的青春中,总会有一些不良情绪困扰着我们。同学们,你有过哪些不良情绪?请大家思考一下,和旁边的同学进行交流。然后,老师会请几位同学来分享青春的烦恼。

(学生分享。)

同学们会焦虑、悲伤,甚至抑郁。抑郁就是今天要和大家一起来讨论的内容,我们今天的活动主题是"珍爱自己,远离抑郁"。

同学们,接下来我们将观看一个视频——《我有一只名叫"抑郁症"的小黑狗》的前半段,在观看过程中认真体会主人公的情绪。

(播放视频,学生思考。)

同学们看完视频,知道了小黑狗就是抑郁的情绪状态。现在就请大家把视频中主人公的情绪状态用水彩笔画在气球上。画什么都可以,只要反映主人公的情绪。

(学生作画。)

那同学们是如何用画表现主人公的抑郁的?请 5 位同学来分享你的气球,向我们介绍你的画是如何表现抑郁的。

(学生代表分享。)

同学们都感受到了主人公的悲伤、自卑和无力。其实,视频中的主人公患上了抑郁症。随着人们对心理健康的日益重视,大家对抑郁症应该不陌生了。很多人常常会说"我得抑郁症了",我们中间也可能会有人怀疑自己得了抑郁症。那么,你真的得抑郁症了吗?

(二)区分抑郁症和抑郁情绪

老师要纠正同学们对抑郁症的误解,人们通常会认为心情不好、情绪低落就是得了抑郁症,这种看法是错误的。

在生活中，我们难免会遇到不顺心的事情，也会产生抑郁情绪，但是这并不代表我们得了抑郁症。

我们看完视频后，就会发现主人公的确得了抑郁症。我们可以从以下几个方面对他的抑郁症进行判定。

第一，我们可以看到视频中主人公的抑郁情绪通常无缘无故地产生，缺少引发的客观刺激，或者虽有引发的客观刺激，但"小题大做"。

第二，主人公的抑郁症状是持续存在的，不经治疗难以自行缓解，症状还会逐渐恶化。

第三，主人公的症状表现出节律性，表现为晨重夜轻，每天清晨的状态特别不好，痛苦不堪，下午有所好转。

从这三点，我们也可以看出自己的抑郁情绪和他的是不一样的。

首先，我们平时抑郁情绪的产生往往是因为压力过大或者暂时无法实现个人目标，多是事出有因的。

其次，我们的情绪变化有一定的时限性，通常是短期的。通过自我调适、充分运用自我心理防御机制，能恢复心理的健康状态。

最后，我们的抑郁情绪往往在事情发生之后产生，随着事情影响的减小而减弱，没有明显的变化规律。

所以，以后不要轻易地给自己贴上抑郁症的标签。当然，如果一旦发现自己的抑郁状态已经持续了很长时间，影响到了正常的生活和学习，我们就应该正确面对，及时就医。

(三)战胜抑郁症

正如我们所看到的，抑郁症患者在情绪方面表现为情绪低落和强烈而持久的悲伤；在认知方面表现为负性的自我评价、自责、自卑、悲观失望，甚至有自杀的念头；在躯体方面表现为明显的食欲不振、失眠、动作迟缓等。抑郁症不仅影响个人的身体健康和心理健康，而且影响家人和朋友的情绪。

当今社会的竞争日益激烈，人们很容易产生不同程度的抑郁情绪，我们必须学会应对它。接下来我们观看视频《我有一只名叫"抑郁症"的小黑狗》的后半段，看看视频中的主人公是如何摆脱抑郁症的。

(学生观看视频。)

通过主人公的经历，我们可以发现，战胜抑郁症可以从以下几个方面入手：①寻求专业机构的帮助；②向亲人和朋友求助；③不要逃避，直面抑郁；④多进行锻炼。

（四）调节抑郁情绪

除了了解如何应对抑郁症，我们更应该掌握如何调节抑郁情绪，毕竟绝大部分人在绝大部分时间只是处于抑郁的状态。同学们，你平时不开心的时候会怎么做？

（学生思考，教师请学生代表回答。）

看来同学们也有自己战胜抑郁情绪的方法。下面老师给大家介绍几种方法。

1. 充分利用社会支持系统

当我们出现抑郁情绪时，良好的个人社会支持系统可以有效地帮助我们摆脱抑郁情绪。家庭在社会支持系统中占有重要的位置，朋友和同学的支持也是非常重要的支持力量。很多人在生活中不善于合理地调节自己的抑郁情绪，即使有抑郁情绪也会刻意压抑。可是越是压抑，抑郁情绪非但没有缓解，反而会影响我们的身心健康，所以合理地调节抑郁情绪是很重要的。

在我们遇到困难时，不要忘了我们还有家人、老师、朋友、同学……他们可以给予我们支持。如果你出现了抑郁情绪，请不要把自己封闭起来，请走出来，他们可以一起帮助你，给予你战胜困难的力量。

2. 制订计划

在发现抑郁情绪后，他人的支持能够给予我们面对困难的勇气，只有解决了相应的问题，才能从根源上消除负面情绪。学生的主要任务是学习，很多问题也是和学习相关的，所以制订相应的学习计划是非常有必要的。

接下来请大家写下自己近期需要完成的任务或目标，并在每个任务或目标后面写上解决的方法。如果在写的过程中，你发现完成任务或目标比较困难，就想一想应该如何向你的社会支持系统寻求帮助，将其写下来，并争取做出来。

（学生完成计划，根据自己的习惯制订计划表。）

一个明确的计划表不仅能够促进我们很好地完成任务，而且能够充实我们的生活，让抑郁情绪远离。希望大家能够按照自己制订的计划表来实施，在生活中遇到困难时不要放弃，学会合理地调节自己的抑郁情绪，从而解决问题。

3. 合理表达自己的抑郁情绪，和他人有效沟通

我们来做一个团队游戏——"有声版心有灵犀"。请同学们前后 8 人一组。

（1）游戏规则

小组推选一位成员为解说人，其他小组成员进行猜测。解说人只能用嘴说，不能借助肢体动作，提示的话语中不能包括所猜词语中的任何一个字，其他小组成员进行监督。例如，第一个词语是"乒乓球"，提示可以是像鸡蛋一样的东西，但不能提到"乒乓球"中的任何一个字。否则，此词语作废，进入下一个词语。每组限时 2 分钟，猜中最多的小组将获得相应的奖励。

（2）游戏目的

同学们在游戏过程中体会如何合理表达和沟通。在实际生活中，如果产生了一定的抑郁情绪，应合理地表达自己的抑郁情绪，而不是选择压抑。

（3）活动备选成语

暗送秋波	眉来眼去	狗急跳墙	心心相印	对牛弹琴	废寝忘食
眉飞色舞	滔滔不绝	东倒西歪	亡羊补牢	画蛇添足	铁杵成针
翻山越岭	胆小如鼠	守株待兔	如鱼得水	目瞪口呆	鸟语花香
唉声叹气	和蔼可亲	九牛一毛	百发百中	十拿九稳	三头六臂
黑白不分	同床异梦	口是心非	见死不救	苦口良药	心平气和
当头一棒	报仇雪恨	大惊小怪	怀才不遇	作茧自缚	肝胆相照
天作之合	走马观花	金枝玉叶	虎口拔牙	畏首畏尾	骑虎难下
水落石出	春华秋实	柳暗花明	吞吞吐吐	东拉西扯	塞翁失马
狐朋狗友	异想天开	人面兽心	天女散花	信口雌黄	伶牙俐齿
昙花一现	一命呜呼	手舞足蹈	亭亭玉立	指桑骂槐	孤芳自赏
花前月下	得寸进尺	过河拆桥	东张西望	狐假虎威	鸡飞蛋打
海枯石烂	坐井观天	愚公移山	挤眉弄眼	自言自语	庞然大物
獐头鼠目	破釜沉舟	助人为乐	卧薪尝胆	望梅止渴	狼吞虎咽
画饼充饥					

（游戏结束后请学生代表分享感想。）

在这个过程中，我们可以看到我们表达的和别人理解的有时是有偏差的，这就需要我们进行准确表达和有效沟通。无论是经历了失败，还是遭遇了挫折，抑或情感上出现了困惑，我们都可以用恰当的方式与他人沟通，合理表达抑郁情绪，寻求解决问题的方法。

（4）掌握放松妙招

当情绪不好时，我们应该学会放松。同学们平时是怎么放松的？

（请学生代表分享。）

总结起来，放松的方法主要有以下两种。

①寻求社会支持，找人倾诉。通过倾诉，我们的抑郁情绪会逐渐被释放出来。

②养成自己喜欢的放松习惯。唱歌、跳舞、运动、大吃一顿、大哭……这些都是可以帮助我们放松的方法，你喜欢哪一种呢？当然，同学们也有自己的放松妙招，只要有益身心健康的就是好的。当我们抑郁时，记住要学会放松。

（五）活动结束

让我们释放青春的能量，阳光下的青春不应该输给抑郁，让生命的热情在追求中激荡。千里之行，始于足下，长风破浪的我们终究会直挂云帆济沧海。请相信生活充满希望，请相信未来充满光亮，请相信未来不是梦。接下来请大家一起合唱《我的未来不是梦》。

（在唱歌的过程中，激发大家用大声唱的方式释放抑郁情绪。）

希望通过这次主题班会活动，大家能够正确看待自己的抑郁情绪。希望大家在生活中遇到不顺心的事情时，能够使用正确的方法调节自己的抑郁情绪。

十、活动总结

①对活动过程进行总结，找出活动中出现的问题，并撰写反思报告。

②结合反思报告，调整活动方案。

十一、活动预算

根据具体实施情况对所要购买的物品做预算。

十二、注意事项

①注意引导学生不要通过网络查阅等途径给自己做诊断，误认为自己有抑郁症。

②尽量调动学生的积极性，使每位学生都参与课堂练习和活动。

常怀感恩心，实践感恩行

一、活动主题

常怀感恩心，实践感恩行。

二、活动背景

感恩是青少年必备的优良品质，只有学会感恩，才能常怀感谢之情，感谢自己已有的，感谢生活给予自己的一切，才会拥有积极的人生观和良好的心态。父母是为我们付出最多的人，只有感恩父母的人才会真正具有感恩的品质，才会在成长过程中学会感恩教师、同学、朋友、帮助过他的人……

现在的青少年在成长的过程中，由于受到家庭教育和社会文化的影响，可能很少会意识到父母为自己的辛苦付出。很多青少年甚至认为父母为自己所做的都是理所当然的，长久如此，就会渐渐形成自我中心、冷漠的性格特征，不利于青少年心理的健康发展。因此，学校教育要引导青少年感恩父母，增进青少年与父母之间的交流，使青少年感悟亲情，知道如何感恩父母。

三、活动目标

①认知目标：了解父母之爱，感受父母之爱，体验亲情的无私和伟大。

②态度及情感目标：培养主动感恩父母的意识。

③能力及问题解决目标：会做出感恩父母的行动，从现在做起，从小事做起，以实际行动回报父母。

四、活动时间

各学期均可。

五、活动地点

桌椅可灵活移动、配有多媒体设备的教室。

六、活动对象

初、高中及大学生。

七、活动形式

心理测试、故事赏析、角色扮演。

八、前期准备

第一，负责人准备活动道具。

①绑好丝带的气球。给每位参与活动的学生一个气球，用气球进行分组，根据组数准备几种不同颜色的气球，气球颜色相同的学生为一组。

②裁剪好的卡片。卡片数量和学生人数相同。活动中会将卡片发给学生，让学生在卡片上写下想对父母说的话。

③小测试(见附件)。可以在活动前印制好卡片,活动中给每位学生发一张;也可以用 PPT 的方式在活动中呈现给学生,让学生现场作答。

第二,确保现场音响和投影器材正常运行。

第三,布置场地。将现场的桌椅按照小组的人数分配好,放好小组名牌,把吹好的气球全部绑在一起,放在教室门口。

第四,准备活动的相关视频。

九、活动流程

(一)活动导入

亲爱的同学们,在这个阳光灿烂、微风和煦的下午,我们迎来了感恩父母主题班会活动——常怀感恩心,实践感恩行。

我们首先来看一则公益广告《给妈妈洗脚》,请同学们看完视频后谈谈自己的感受。

(播放视频,播放结束后请 3～5 位学生分享感受。)

同学们都感受到了小男孩对妈妈的爱。广告中的小男孩虽然很小,但是他看见妈妈那么辛苦依然帮姥姥洗脚,能体谅妈妈的辛苦,并且能马上模仿妈妈的行为给妈妈打了一盆洗脚水,为妈妈洗脚,这说明孩子从妈妈身上学到了为父母做力所能及的事情。妈妈看到孩子吃力地端着洗脚水,欣慰地笑了。妈妈被儿子的行为感动了,感受到了儿子对她的爱。

从这个视频中我们知道,感恩父母并不需要我们为父母做惊天动地的大事,其实,一句话、一个动作、一个表情就够了。

我们呱呱坠地,睁开眼看见的便是爸爸妈妈。在妈妈温暖的怀抱中,我们慢慢长大了;在爸爸有力的臂弯中,我们慢慢坚强了。每天当我们背着书包走向学校时,是否向他们说过一句谢谢,因为他们,我们才能走进这求知的殿堂;我们吃着美味的食物时是否想过问问他们,因为他们,我们才能衣食无忧。父母对子女的爱是真诚的、无私的,他们的一生都在为子女操劳,我们都应该对自己的父母说一声谢谢。

(二)爱的大考问

同学们,我们接下来欣赏两个视频《母亲》《父亲》。请同学们看完视频后谈谈自己的感受。

(播放视频,播放结束后请 3～5 位学生分享。)

在我们的一生中,父母的爱是最博大、最无私的,父母的养育之恩也是永远说不完的,我们吮着母亲的乳汁露出笑脸,揪着父母的心迈出了人生的第一步，在甜甜的歌声中酣然入睡，在无微不至的关怀中茁壮成长。不管是在我们蹒跚学步的时候还是在长大成人后，他们都愿意用自己的双手为我们撑起一片天，只要我们过得开心，他们会比自己过得好还要幸福。

我们的成长离不开父母，父母是世界上最了解我们的人。但是你了解他们吗？你为他们做过什么？现在我们来完成一个小测试。

（学生完成小测试，时间控制在 3 分钟内。）

时间到了，请同学们和小组内的同学交流自己的测试结果。交流之后，每个小组请一位代表来和大家分享小组对这个小测试的感受。

（小组代表分享感受。）

对于小测试中的问题，有的同学之所以没有做完，是因为对父母了解得太少。我们的成长过程凝聚了父母无尽的爱，他们会清楚地记得和我们有关的一切，喜欢的、不喜欢的，想要的、不想要的。我们在生活中也要多关注父母，试着多了解他们，记住他们的生日、喜欢的东西、生活习惯等，从细节入手关爱他们。

（三）我的故事你来听

接下来，我们一起来看一个故事。大家在看的时候，仔细思考故事中的主人公是怎样孝顺父母的，我们平时是怎么做的，能不能想起你和父母之间的某个故事。

（播放视频，学生观看。）

同学们，这段视频讲了什么？

（学生代表发言。）

6 岁的陆绩能清楚地记得母亲爱吃的东西已经很棒了，并且他在外面看到母亲爱吃的东西还想着要给母亲留一份，可知感恩父母是不分年龄、不分时间的。

这个故事体现了孩子对父母的浓浓爱意，6 岁的陆绩知道用行动感恩父母、回报父母。我们也要把感恩父母变成一种行动，而不只是说说而已。

这是古时候孩子和他们父母之间的故事，同学们和父母之间肯定也有很多故事，接下来就请组内交流自己和父母之间的故事。故事的内容可以是父母为你们做的事情，也可以是你曾经为父母做的事情。组内分享完之后，再推选一位学生代表与全班同学分享。

（学生代表讲自己与父母之间的故事，讲完后教师对每位学生的故事做一个小总结。）

老师听到了大家和父母之间的小故事，很开心，也很感动。同学们分享的基本上都是父母为我们做的事。自出生那天起，他们就把我们捧在手心、视作宝贝。我们哭闹不睡觉时，是他们忘却了一天的劳累哼着歌谣哄；他们会把好吃的留给我们，还总说自己不爱吃；每次我们在外面受了委屈，知道回到家在他们的怀里哭一场就会没事；妈妈的手很巧，她能做出好多我们喜欢的小东西，爸爸的手很有力量，他总能轻易地一把将我们抱起；第一次离开他们去学校，他们站在校门口久久不愿离去。这一件件小事都体现了父母对我们浓浓的爱意。一直以来，我们都在享受着他们给予我们的一切，现在我们也应该学着为他们做一些事情。

（四）爱的表演秀，感恩父母之爱

1. 情景剧表演

老师为大家准备了一些情景，每一种情景都是生活中常见的场景。请每组同学分别抽取一种情景进行表演，表现子女是如何体谅和帮助父母的。除了表演情景中孩子的做法，还请各组设计在该情景中和父母的互动，并表演出来。

情景一：小明放学后去同学家里玩了很久，回到家时天已经黑了，爸爸妈妈很生气，批评了小明。小明看到爸爸妈妈非常担心自己，也觉得是自己不对，主动给爸爸妈妈道歉并保证下次不会了。

情景二：妈妈下班回到家里，发现小红正在认真地写作业，妈妈表扬了小红，然后就开始收拾屋子。一会儿小红做完了作业，主动问妈妈是否需要帮忙。妈妈让小红帮忙择菜，准备做晚饭。妈妈收拾完屋子后，就到厨房和小红一起择菜，一边做饭一边聊在学校发生的事情。

情景三：爸爸妈妈带小刚上街购物，小刚给自己买了好多东西，而爸爸妈妈却什么都没买，小刚建议给妈妈买一件衣服。购物完后，他们到一家饭店吃饭，小刚主动点了爸爸妈妈爱吃的菜，在吃饭时还不停地给爸爸妈妈夹菜。

情景四：小林在学校好好学习，因此获得了奖状和老师的表扬，回家后把奖状给爸爸妈妈看了，爸爸妈妈很高兴，夸小林认真、努力，小林说自己的成绩离不开爸爸妈妈的教导和监督。

⋯⋯⋯⋯⋯⋯

（分组讨论剧情、分配角色、排练表演，然后各组给全班表演情景剧。每组表演之后，教师根据学生的表演情况适当点评。）

同学们都表演得非常棒，从不同的角度展示了如何跟父母沟通和交流。其实，感恩父母很简单，大家刚才都做得很好，也希望大家在生活中也能做到。此外，老师帮助大家进行了总结，希望大家在生活中要做到以下三个方面。

①理解父母。换位思考，站在父母的角度体谅他们；生活节俭，不乱花钱，不向父母提过高的要求；主动沟通，多和父母交流，分享生活和学习中发生的事情。

②尊重父母。听从父母的正确教导，对父母有礼貌，不顶撞父母，不乱发脾气；当有需求时，应及时告知父母，征求父母的意见。

③关心父母。理解父母，帮父母做力所能及的家务；学习上刻苦努力，生活上独立自主，让父母少为自己操心。

2. 爱的卡片

感恩父母，从现在做起。接下来，老师会给大家发一张卡片，请同学们在上面写下此时此刻最想对爸爸妈妈说的话或者你现在的感受，写好之后愿意给爸爸妈妈看的可以回家之后送给爸爸妈妈，不愿意的就自己好好保存起来。

（书写爱的卡片。）

写完后，请大家好好读一读写给爸爸妈妈的话，希望大家都能够把对父母的爱通过行动带给父母。

(五)活动结束

心存感恩，生活中会少一些怨气和烦恼；心存感恩，心灵上会获得宁静和安详；心存感恩，才会尊重地球上所有的生命，珍爱大自然的一切恩赐；心存感恩，才会时时感受生活中的"拥有"而不是"缺少"。感恩是一种素质，也是一种美德。一个人只有怀着感恩之心，才会体会到生活的幸福与乐趣。

我们要感谢父母赐予我们生命，养育我们；感谢父母送我们进入校园，让我们学会学习；感谢父母这么多年的细心呵护，让我们快乐地成长。请大家常怀感恩心、实践感恩行。

十、活动总结

①对活动过程进行总结，找出活动中出现的问题，并撰写反思报告。

②结合反思报告，调整活动方案。

十一、活动预算

根据具体实施情况对所要购买的物品做预算。

十二、注意事项

①在测试过程中，请学生保持安静，便于学生深入思考。

②教师在描述学生要感恩父母时，要增强语言感染力。

十三、附件

爱的大考问

1. 你当面向父母说过"我爱你"吗？

2. 你拥抱过你的父母吗？

3. 你的父母最喜欢的休闲活动是什么？

4. 你的父母最爱吃的食物是什么？

5. 你会主动帮父母分担家务吗？如果有，请列举三件。

6. 你对父母发过脾气吗？如果有，请列举三件。

7. 请写出你父母的生日。

8. 你给父母送过礼物吗？如果有，请列举三件。

9. 做错事情后你是否会主动向父母道歉？

团结一心，共创和谐班级

一、活动主题

团结一心，共创和谐班级。

二、活动背景

班级凝聚力是班级成员之间为了实现班级的目标而团结协作的程度。一个班级如果有凝聚力，大家就会团结一心；反之，大家就会像一盘散沙，班级也就失去了存在的价值和意义。一方面，班级凝聚力能够满足班级成员寻求集体归属感的需要，增强班级成员对班级及其他成员的包容，有利于提高成员的班级满意度和心理支持感，使班级目标与成员的个人目标更容易达成一致，促进成员之间的互补互助、沟通与合作。另一方面，班级凝聚力有利于增强班级的团队合作能力，使成员更好地理解和支持团队，更快地融入集体，既能够理解和尊重他人，也能够及时得到他人的支持和帮助。因此，加强班级凝聚力是非常重要的。

随着社会的飞速发展，很多青少年都追求个性，这有利于培养他们的独立性和创造性。但是过于追求个性会影响班级凝聚力，不利于班集体的团结、和谐，可能会对班级成员的性格发展、学习成绩等产生负面影响。

三、活动目标

①认知目标：加深对班级团结、班级凝聚力的理解。

②态度及情感目标：形成主动了解和帮助同学、维护班级团结、增强班级凝聚力的意识。

③能力及问题解决目标：提高人际沟通能力，明确自己能够为班级做什么并付出行动。

四、活动时间

各学期初。

五、活动地点

桌椅可灵活移动、配有多媒体设备的教室。

六、活动对象

初、高中及大学一年级学生。

七、活动形式

视频赏析、团体活动、才艺秀、小组讨论。

八、前期准备

①制订活动方案及制作相应的 PPT。

②准备伴奏音乐、活动的相关视频。

③准备 A4 纸、画笔、题板、油画棒若干。

④选定两名主持人，并在活动开始前熟悉主持台词。

⑤将同学随机分为四组，可以依据学号的尾号进行分组。

九、活动流程

(一)活动导入

甲：有这样一个故事，一位智者和他的徒弟在河边漫步。智者问徒弟："怎样才能使一滴水永不干涸?"徒弟想了很久，疑惑地说："将它托在掌心?"师父摇着头，笑着说："不对，不对！将这滴水投入大海之中，它才会永不干涸。"

乙：是的！一滴水单独存在的时候，很快就会蒸发，消失得无影无踪；但是当它融入大海时，就会和大海融为一体，永远不会干涸。可见，一滴水在不同的存在方式下其结果是完全不同的。从一滴水和大海的关系，我联想到了个体和班集体之间的关系。

甲：班集体是由我们每位同学组成的，离开了同学，班集体就无法存在；如果我们脱离班集体，或无视其存在，那么我们的力量就比较薄弱，难成大事。

乙：对！我们必须把自己融入班集体中！只有这样，我们才能有集体归属感和荣誉感，才能更好地发挥自己的特长和优势，在为班集体贡献力量的同时，既促进自己的发展和成长，也促进集体的进步，真正实现自己的价值。

甲：这使我想起了雷锋同志的一句话——"一滴水只有放进大海里才永远不会干涸，一个人只有当他把自己和集体事业融合在一起的时候才能最有力量"。

乙：所以我们一定要树立集体观念，增强班级凝聚力，将班级的发展和自身的发展结合起来，确定共同的奋斗目标，共同建设我们的班集体。

甲：我们的班集体就是汪洋大海，而每一位同学正是大海中的一滴滴水珠。小水珠只有在大海的集体中才能更好地发展。

甲、乙：今天的活动主题就是"团结一心，共创和谐班级"。

甲：在活动中，我们将感受携手共进、团结合作给我们带来的欢乐与收获。

乙：在活动中，我们将一起感受浓浓的班集凝聚力！

(二)视频赏析

接下来播放一段视频，看完视频后，请同学和相邻同学进行讨论、交流，谈谈观看视频后的感受，然后邀请3～5位同学分享。

（播放视频，学生分享。）

甲：看来我们班的同学都感受到了"团结就是力量"。

乙：是的！当我们遇到困难的时候，只有大家齐心协力，才能克服困难。

甲：我们的班级就是一个团结的班级、凝聚力强的班级，每位同学都在为班级默默地奉献自己的力量，同学之间互相交流、帮助，不断加深彼此的了解，取长补短。

乙：下面我们就来做游戏——"心有灵犀"和"一人一笔，团结一心"，看看同学之间的默契如何。

(三)活动体验

1. 活动："心有灵犀"

甲：同学们，我们先一起来了解"心有灵犀"的活动规则。

①一共四组，每组确定一个题目，且各不相同。

②每组第一个组员面向题板，看清题目（见附件），其他人背对题板站成一排，不能偷看题目。

③每组第一个组员拍下一个组员的肩膀，请其转过身来，两人面对面，第一个组员将题目用肢体动作表现出来，第二个组员根据自己对第一个组员的动作的理解，用自己的肢体动作将信息传递给下一个组员，以此类推，直到最后一个组员。最后一个组员将自己对前一个组员肢体动作的理解用语言说出来。主持人公布题目，看最后一个组员的回答是否和题目一致。

④每个组员的表演时间为30秒，主持人喊计时开始，组员开始表演，主持人提醒时间到，该组员停止表演，下一个组员开始表演。

⑤在表演过程中，表演者和旁观者都不得进行提示。

该游戏进行一轮。每次两组同学同时进行。

乙：现在大家都知道了活动规则，首先请第一、第二组的同学参与活动。

（活动进行。）

甲：刚才第三、第四组的同学看其他两组同学做活动都非常开心，有的人笑得都直不起腰了。接下来，就请第三、第四组的同学参与活动。

（活动进行。）

乙：我们的活动在愉快的氛围中结束了。有的组传递得很好，最后一个组员的理解和题目一致；有的组传错了，得到的答案和题目相差千里。下面我们邀请几位同学来分享刚才参与活动的感受。（每组至少邀请一位同学分享活动感受。）

甲：这个活动带给我们很多欢乐，让我们感受到了同学之间是很有默契的。在班集体中，我们相亲相爱，不断加深彼此的了解，慢慢地我们越来越融洽，这个活动很好地体现了小组成员之间的默契。没有猜对的小组，你们的组员要加强交流，使大家更有默契。

乙：接下来我们来做一个团体绘画活动，锻炼同学之间的默契。活动的名字叫作"一人一笔，团结一心"。

2. 活动："一人一笔，团结一心"

甲：首先我们来了解一下活动规则。

①每位成员领取一根油画棒。

②绘画主题：团结的我们。

③各组成员围绕主题依次（各组内部商量绘画顺序）在同一张纸上作画，每人的绘画时间为 20 秒。

④每组绘画总时间为 5 分钟。

⑤绘画结束后，每位同学在小组内分享作品，谈谈自己绘画时的感受以及对成品的感受。

乙：大家已经清楚地了解了绘画活动的规则。请大家做好准备，在我发出开始的口令后，小组绘画就开始（确认各组均已做好准备）。开始！

（各小组成员依次绘画，完成作品。）

甲：好的，时间到！请停笔。大家画得怎么样了？接下来，请各小组成员按照绘画的顺序分别谈谈自己绘画时的感受以及对成品的感受。每组在讨论后请推选一位代表来和全班同学介绍小组的绘画作品。

（小组成员分享，然后教师请小组代表分享。）

乙：同学们都谈到了在绘画的过程中要试着去感受其他成员绘画的内容，以更好地配合其他成员。

甲：经过团体绘画，同学们之间更有默契了。大家体验到了在团队中只有我们用心去了解他人、为他人着想，才能更好地与他人沟通、协作，提高团队的工作效率和工作质量。

乙：是的。我们以后都要好好地和他人沟通，加深彼此的了解，学会合作，学会融入集体，将个人的力量和他人的力量融合，营造团结的班集体氛围。

（四）加强合作：我为班级献绿叶

甲：同学们，通过刚才的活动可以看出我们的班级是一个团结、和谐的班级，大家都很开心。接下来，就请大家想一想我们能够为班级做什么。

乙：请同学们将我们的班级想象为一棵大树，而我们每个人都是这棵树上的一片绿叶。你这片绿叶能够为班级做什么？请每个人拿出一张白纸，将自己能够为班级所做的写在上面。注意，可以是已经做过的、正在做的，也可以是打算要做的。下面请同学们开始写。

（学生完成。）

甲：同学们都写完了，请各小组同学分享、交流，并将本组同学为班级的贡献总结为一段话，每组派一位代表进行分享。

（学生代表分享、总结。）

乙：听到同学们的分享，我们感受到班级之树正在不断成长，我们感受到团结就是力量。只有班级更强大，我们才能更好地发展。

（五）共唱一首歌，情感升华

甲：下面请欣赏歌曲《最初的梦想》。

乙：正如歌中唱到的那样，"沮丧时总会明显感到孤独的重量，多渴望懂得的人给些温暖借个肩膀，很高兴一路上我们的默契那么长，穿过风又绕了弯，心还连着像往常一样，最初的梦想紧握在手上……"

甲：动人的旋律徘徊在我们的耳边，再坚强和执着的人都有疲惫与失落的时候，追求梦想路上的艰辛对我们来说也许不算什么，但是那条路带给我们的孤独感可能会轻而易举地击碎我们的意志，磨灭我们的信念。如果你感到累了、孤单了、失落了，请环视一下周围，你的同学陪伴在你的左右，也许他们能给你勇气、信心和力量，让你继续前进。接下来，请大家一起来唱《最初的梦想》。

（全班同学围成一个圆圈，手拉手，共唱《最初的梦想》，跟随音乐节奏晃动身体。）

乙：在美妙的旋律中，我们的活动就要结束了，希望我们的明天会更好！

十、活动总结

①对活动过程进行总结，找出活动中出现的问题，并撰写反思报告。

②结合反思报告，调整活动方案。

十一、活动预算

根据具体实施情况对所要购买的物品做预算。

十二、注意事项

①活动期间不打闹，不大声喧哗，严格遵守活动规则。

②引导学生不评价活动过程中他人的表现。

十三、附件

"心有灵犀"的活动题目举例

第一组：手舞足蹈、掩耳盗铃、猩猩、大象、长颈鹿、闻鸡起舞、目不转睛、花样游泳、痛哭流涕、义愤填膺、蛙泳、击剑、投鼠忌器、哪吒、微博。

第二组：东张西望、抓耳挠腮、兔子、小鸡、老虎、狗急跳墙、飞檐走壁、撑竿跳高、张牙舞爪、欢天喜地、跨栏、躲猫猫、大喜过望、葫芦娃、孙悟空。

第三组：悬梁刺股、拳打脚踢、东倒西歪、蛇、狐狸、狗熊、企鹅、东张西望、攀岩、长吁短叹、暗送秋波、跳水、悔恨交加、猪八戒、白龙马。

第四组：害群之马、鸵鸟、猴子、小狗、一瘸一拐、瞠目结舌、见钱眼开、花样滑冰、蹑手蹑脚、鬼鬼祟祟、射箭、忐忑、盲人摸象、功夫熊猫、花木兰。

第三章　人际关系教育

避开人际交往误区，收获和谐人际关系

一、活动主题

避开人际交往误区，收获和谐人际关系。

二、活动背景

人际关系是人们在生产或生活过程中建立的一种社会关系。青少年的人际关系主要包括同学关系、亲子关系、师生关系和朋友关系。拥有良好的人际关系是人身心健康的基础之一。①有利于促进青少年的自我认识。在与人交往的过程中，通过交往对象对自己言谈举止的反馈，青少年可以发现自身存在的优势和不足，有利于调节自我意识，形成正确的自我认知。②有利于促进青少年的社会化。个体从出生到死亡都处在社会化过程中，通过社会化不断内化社会规范、行为准则等，使自己更好地适应社会。③有利于促进青少年保持愉悦的情绪。良好的人际氛围能够使他们保持愉悦的情绪，轻松地生活和学习，能够更好地和老师、家长、同学、朋友进行交流。

由于社会、家庭、学校等较多地关注青少年的学习成绩，对其人际交往能力的培养不够，因此青少年人际交往能力的发展不尽如人意。常见的青少年人际交往问题有不敢交往、不愿交往、缺乏人际交往的技巧等，这些问题可能使青少年出现一系列心理健康问题。可见，要促进青少年身心的健康发展，就必须重视对其人际交往能力的培养。

三、活动目标

①认知目标：了解人际交往常见的误区及应对策略。

②态度及情感目标：具有要避开人际交往误区的主动意识。

③能力及问题解决目标：掌握避开人际交往误区的策略，并能够在生活中使用。

四、活动时间

各学期均可。

五、活动地点

桌椅可灵活移动、配有多媒体设备的教室。

六、活动对象

初、高中及大学生。

七、活动形式

知识讲授、案例分析、角色扮演、团体活动。

八、前期准备

①制订活动方案及制作相应的 PPT。

②教师准备和人际交往误区有关的案例，学生准备关于心胸宽广的名人事例。

③教师准备和心胸宽广有关的名言。

④准备 A4 纸(回答纸)若干。

九、活动流程

(一)活动导入

同学们，你有过人际交往方面的困扰吗？请将你的困扰写在老师发给你的回答纸上，等一会儿交给老师。为了给大家保密，每个人都不用写名字。

(学生思考、交流；教师分发回答纸，学生将困扰写在回答纸上；教师收回所有学生的回答纸。)

老师随机抽取几份回答纸，因为没有写名字，所以我们也不知道回答纸上写的是谁的困扰。

(教师将抽出的人际困扰一一念出。)

同学们，这些困扰你是否也遇到过？是否有似曾相识的感觉？

(学生回答。)

通过这个分享环节，大家会发现原来大家都会有人际交往的困扰，而且可能还和你有相同的困扰。

大家想过为什么我们会有人际交往的困扰吗？

(学生思考、讨论，教师请几位学生代表回答。)

同学们的原因是不同的，有的同学可能是因为比较害羞；有的同学可能是因为不知道怎么与人相处，缺乏与人相处的技巧；有的同学可能是害怕被人拒绝……绝大部分同学是因为不知道该如何与人相处和交往。

要和谐地与人交往，减少人际交往的困扰，首先需要了解人际交往中常常会出现的一些误区。

（二）人际交往误区知多少

人际交往中常常会出现的误区有五种，分别是首因效应、近因效应、光环效应、投射效应和刻板效应。

1. 首因效应

案例一：今天是开学的第一天，小红兴冲冲地往教室走去。在走廊上，一个男生（名叫小雨）迎面跑了过来，不小心撞了小红一下，但是没有跟小红说对不起就跑掉了。小红心想："这个男生太没有礼貌了！"她一边想，一边向教室走去。过了一会儿，从教室门口走进来一个男生，小红一看，就是刚才撞她的那个人。两个人原来是同班同学。在之后的很长一段时间里，小红对这个男生的印象都不好。

请同学们分析一下小红和小雨的关系会怎么样。

（请学生代表回答。）

小红因为和小雨在第一次见面时被他撞了，认为小雨没有礼貌，所以不喜欢他。之后，在和小雨交往的过程中自然就会回避和疏远他，甚至对他不友好，两个人的关系自然不会好。

请大家思考：小雨是不是真的像小红认为的那么让人讨厌？

（学生思考，教师请学生代表回答。）

其实，小红已经陷入了人际交往的误区，她对小雨产生了首因效应。我们先了解一下什么是首因效应。

（1）定义

在人际交往中，我们会很重视给交往对象留下的印象（包括外貌、语言、神态等），它会影响我们与交往对象的相处。这种心理就是首因效应，又称第一印象效应。

首因效应主要出现于陌生人初次见面时。这就提醒我们：第一，如果想要和他人的交往更轻松一些，就要争取在第一次见面时给对方留下良好的印象；第二，在交往中，要抱着"路遥知马力，日久见人心"的心态，不要被第一印象左右，避免产生误解。

特别提醒大家，在交友、招聘、求职等社交活动中，要善于利用首因效应展示自我，给人留下好印象，为以后的交往打下良好的基础。

（2）对策

首先，保持整洁的仪表，做到着装得体，符合学生的身份；整洁大方，给人舒服的感觉；不穿奇装异服。

其次，具有积极主动性，在人际交往中主动、热情地和对方打招呼。

再次，尊重他人，在沟通过程中用自信的目光和对方进行眼神的交流；记住对方的名字，在下次见面时尽量第一时间能叫出他的名字。

最后，不要忽视分别的方式，在分别时给对方留下好印象，能够巩固人际交往前期在对方心中的良好形象。

（3）活动："初次见面，请多关照"

请同学们和自己的同桌假装初次见面。请用刚才所讲的四种对策和同桌交往，力争给对方留下良好的第一印象。活动结束后，请三组同学给大家表演。

（学生相互表演，实施对策。结束后，教师请同学表演并分享感受。）

2. 近因效应

案例二：小红和小雨成为同班同学一学期了。由于小红对小雨的印象不好，在和小雨交往时不积极，因此，两人的关系一直不好。今天，正好轮到两人一起值日。小红心想："怎么要和他一起了！我和他的关系不好，他会不会不好好配合？"

下课后，别的同学都走了，两人开始值日。两人没有太多的交流，小雨在擦黑板，小红在整理课桌椅，将椅子全倒放在桌子上。一不小心，一张椅子掉了下来，砸到了小红的脚，她大叫了一声："哎哟！"小雨听见后马上停下手中的活，冲过来，帮小红查看受伤的情况，然后背着小红往医务室跑去。

小红的脚没有大碍，校医开了一些消肿药，提醒小红少走路、多休息。小雨又坚持将小红背到校门口，交给来接小红的家长。然后，小雨回到教室一个人完成了值日。

同学们，请大家进行一次角色扮演，假设你是小红，此时，你会怎样想？

（请学生前后4人一组，相互交流。）

同学们刚才交流了自己的想法。接下来，请几位同学来分享一下。

（学生代表分享。）

同学们和小红的想法基本是一致的。小红看着小雨的背影感动地哭了，从此以后，她改变了对小雨的看法，和小雨积极主动地交往，两人的关系再也不像以前那样疏远了。

在案例中，小红因为小雨的这次帮助改变了对小雨的不良印象，这就是近因效应。

（1）定义

近因效应是指最近一次交往对人际交往所产生的影响。最近一次交往留下的印象往往是最深刻的。一般而言，近因效应在熟人之间的交往中会发挥较大的作用。一方面，可以给他人留下良好的近期印象；另一方面，可以纠正我们在他人心中的不良印象。我们在和同学、老师、家长的交往中都应该争取给他们留下良好的印象。

（2）对策

第一，要乐于助人，在他人有需要的时候，尽力帮助他人；第二，在与朋友分别时，记得给予良好的祝福，给他人留下良好的印象。

3. 光环效应

（1）定义

光环效应又称晕轮效应，是指在人际交往中，我们因为喜欢对方的某个优点而喜欢他的所有方面，忽视他的缺点的心理效应。光环效应存在于人际交往的各种关系中。当你对某个人有好感后，就像有一个光环在围绕着他，使你很难看到他的缺点。

光环效应有一定的负面影响。在这种负面影响下，你很难分辨出好与坏、真与伪，容易看不清交往对象，影响你们的关系。

（2）对策

请同学们讨论一下，如何避免在人际交往中出现光环效应。

（学生讨论，然后教师请学生代表分享。）

将同学们刚才所说的归纳起来，主要包括以下方面：首先，在人际交往中要具备一定的安全意识；其次，在人际交往中要时时提醒自己不要"一叶障目"，了解他人时切忌片面，要用发展的眼光去看待他人；最后，理性看待他人的优缺点，认识到每个人都既有优点又有缺点。

4. 投射效应

（1）定义

投射效应是指在人际交往中，我们把自己的特征投射到他人身上，认为他人和自己有相同的倾向，从而形成对他人的错误印象。中国有一句古话"以小人之心，度君子之腹"，说的就是投射效应。例如，"我"爱背后说别人，当"我"看到其他人在说悄悄话时，"我"可能就会认为他们在说"我"。这就是将"我"的特征投射到了他人身上。又如，"我"喜欢吃辣的食物，就可能认为别人也喜欢，在一起吃饭时不考虑别人的意见，直接点辣的食物。同学们可以想一想，你们生活中是不是也有投射效应。请进行自我分析，和你的同桌交流。

（学生交流，然后教师请学生代表分享。）

看来，我们都会在人际交往中出现投射效应，将自己的特征投射到他人身上。我们要尽力避免投射效应的出现。

（2）对策

我们在生活中应该做到不要随意猜忌他人。要知道，有时候我们只是对他人产生了误解，将自己的问题投射到他人身上了。我们要做一个心胸宽广的人，多体谅别人，考虑别人的想法。下面请同学们分享几则关于心胸宽广的名人事例。

（请几位学生分享活动前准备好的名人事例。）

5. 刻板效应

（1）定义

刻板效应是社会大众对某一类事或人比较固定、概括、笼统的看法。在人际交往中，我们会受到刻板效应的影响，将对某类人的看法强加到某个体身上，从而导致人际交往中出现偏见和误解。例如，重庆人爱吃辣椒，刻板效应就会导致有的人认为每一个重庆人都爱吃辣椒；东北人很高大，刻板效应就会导致有的人认为东北人没有矮个子。

请同学们说一说你平时持有的刻板效应。

（学生思考，然后教师随机点几位学生分享。）

同学们刚才分享了这么多，可见刻板效应在生活中是很常见的，我们在无意间就会戴着有色眼镜去看待他人。

（2）对策

刻板效应会导致我们在人际交往中对他人产生误解，因此我们要克服它，不要轻易相信一面之词。另外，我们只有通过深入地沟通和交流，才能真正了解他人，不要戴着有色眼镜去看待他人。

（三）活动结束

同学们已经认识到了人际交往中常常会出现的五种误区，这些都是我们在和他人交往时要避开的雷区。在交往中，我们要力争给对方留下良好的第一印象，创造美好的近因印象，避开片面的光环，切忌错误地投射，抛开固执的刻板，这样我们的人际交往才会变得顺畅。希望同学们都能够拥有美好的人际关系！

十、活动总结

①对活动过程进行总结，找出活动中出现的问题，并撰写反思报告。

②结合反思报告，调整活动方案。

十一、活动预算

根据具体实施情况对所要购买的物品做预算。

十二、注意事项

紧密结合学生的生活和学习拓展五种人际交往误区的案例，请学生主动分享自己的感受，加深学生的体验。

跨过"一步之遥"，从陌生到熟悉

一、活动主题

跨过"一步之遥"，从陌生到熟悉。

二、活动背景

人际交往也叫人际沟通，指个体通过一定的语言、文字或肢体动作、表情等表达手段将某种信息传递给其他个体的过程。拥有良好的人际关系是个体心理健康的重要标志之一。良好的人际关系能够给个体营造良好的人际氛围，有利于个体与他人的沟通和交流，有利于增强自信心。要维护青少年的身心健康，就必须引导他们掌握与他人建立良好人际关系的技巧。

青少年在生活中需要和不同的陌生人打交道，建立人际关系，因此，青少年要有良好的人际关系，首先要学会和陌生人交朋友。

三、活动目标

①认知目标：熟悉新同学，记住他们的名字，了解他们的兴趣爱好。

②态度及情感目标：建立自信，接纳新同学，具有主动和同学交流的意识。

③能力及问题解决目标：对周围的同学有基本的了解，能够和同学友好相处，增强班级凝聚力。

四、活动时间

第一学期初。

五、活动地点

桌椅可灵活移动、配有多媒体设备的教室。

六、活动对象

初、高中及大学一年级学生。

七、活动形式

团体活动。

八、前期准备

①制订活动方案及制作相应的 PPT。

②准备油画棒、A3 纸、卡片。

③准备歌曲《青春修炼手册》《青春舞曲》《友谊地久天长》。

九、活动流程

(一)活动导入

同学们，今天是我们班的第一次活动，很高兴认识大家！我想问问大家，我们班的新同学你已经认识几位了？

(全班学生回答，数量可能有多有少，部分学生可能沉默。)

看来，有的同学认识的人要多一些，有的同学认识的人要少一些。今天我们的活动就是帮助大家相互认识、相互熟悉。老师希望大家通过今天的活动可以多认识同学，能够相处得更加融洽。

1. 手指操热身(5 分钟)

首先，老师带大家做一个趣味手指操。请大家从座位上站起来，现在听口令跟老师一起做手指操。老师先带大家做八个八拍，然后同学们自己做八个八拍。

(教师示范，学生跟做。)

2. 趣味分组(10 分钟)

(事先准备好 56 张卡片，每张卡片上都有一句诗，其中的 8 句诗可以组成一首完整的古诗，如《春夜喜雨》《杜少府之任蜀州》《春望》。在活动开始后，教师给学生随机分发卡片，组织学生根据古诗来分组，属于同一首诗的 8 个人为一组，共分为 7。具体分组数依据班级实际人数灵活决定，如果增加组数则需增加古诗及卡片数量。)

接下来老师会给每个人发一张卡片，请大家拿到卡片后先仔细看上面的内容。每个人拿到的卡片上面都是一句古诗，大家拿到之后可以想想这句古诗是哪首古诗中的，是否能够回忆起这首古诗的内容。

（教师分发卡片，可以请其他学生帮忙发放。）

现在每个人都拿到了一张卡片，我们手中的卡片决定了我们会和哪些同学组成一个小组。请大家先站起来，把桌子都移到教室四周去，然后围着教室安排 7 组桌子，多余的桌子围绕教室外圈摆放。同组的同学围坐在本组桌子四周。从讲台右方开始顺时针方向分别为 1～7 组。

（学生摆桌椅。）

现在座位安排好了，请同学们看自己的古诗，然后在教室中自由走动，去寻找这首古诗的其他诗句，拿同一首古诗卡片的同学为一组。一共有 7 首古诗，分为 7 组。寻找小组成员的时间为 5 分钟，找到小组成员的同学可以看黑板，7 首古诗的名字都在黑板上写出来了，并进行了编序，请大家根据自己的组序在相应的小组坐好。

（学生组成小组并坐好。）

好，时间到！同学们都找到了自己的小组成员。接下来，我们会邀请 3 位同学来谈谈自己寻找小组成员的感受。

（学生分享。）

有的同学运气比较好，小组成员正好就在附近，很快就找到了；有的同学就没有那么幸运了，转了一圈才找到。每个同学在找到自己的小组后都很开心，这就是归属感，有归属感才会感受到在集体中的和谐和愉悦。

接下来，我们来做一个有趣的活动，叫作"滚雪球"。这个活动可以加深大家的相互了解。希望通过这个活动，大家可以记住小组中每位同学的名字。

（二）活动："滚雪球"

老师先给大家介绍活动规则。

①每个小组按照顺时针方向确定小组成员的顺序。

②每个人进行自我介绍，介绍自己的姓名和三个兴趣爱好。

③从第一位同学开始介绍自己，第二位同学先重复第一位同学的介绍，然后介绍自己，第三位同学先介绍前两位同学，然后介绍自己……第八位同学需要介绍前面七位同学，然后介绍自己。

④每个小组完成第一轮"滚雪球"之后再反方向进行一次"滚雪球"，即第一位介绍的成员变为最后一位。

⑤在介绍的过程中请大家认真倾听，尽量记住小组内每位同学的名字和兴趣爱好，不要用笔做记录。

⑥活动时间为 20 分钟。介绍得快的小组可以重复进行介绍，加深了解和印象。

⑦活动结束后，请每个小组推选一位成员把本小组的成员介绍给全班同学。

（教师简单示范，然后学生进行活动。活动结束后，教师请各小组代表分别为全班同学介绍小组成员。在介绍时，每个小组的成员都站到教室正前方，面对所有同学，以加深同学对他们的印象。）

相信大家通过这个游戏对彼此有了一定的了解。想要和他人从陌生到熟悉，首先要记住他人的名字，这是对他人基本的尊重。相信在下一次见面你轻松地喊出同学的名字时，他一定会非常开心。

（三）设计组名、组徽、口号及组歌

大家已经对小组成员有了基本的了解。接下来，我们来玩一个绘画游戏。我们先来了解游戏规则。

①每组领取一盒油画棒和一张 A3 纸。

②小组成员共同商定一个组名。

③小组成员集思广益，设计小组的组徽和口号。

④根据组名、组徽和口号确定一首组歌。

⑤在 A3 纸上画出组徽，可以组员每人一笔轮流作画，也可以委托一人完成。组徽画好后，在纸上写出组名和组歌。

⑥在所有步骤完成后，请每个团队依次向全班同学介绍组名，说明组徽的含义、设计思路，宣讲小组口号，最后齐唱组歌。

（各小组完成任务，教师请各小组推选一位代表和全班分享完成该项活动时的感想。）

（四）活动结束

青春是一首歌，同学们就是这首歌中跳跃的音符。下面，我们就一起来欢歌，唱出我们的青春活力。

请全班同学起立，大家手牵手围成一个圈，这个圈尽量大一点。请大家跟着老师播放的歌曲一起大声地唱起来（可以播放视频，也可以只播放歌曲，用 PPT 呈现歌词）。在唱的时候我们可以跟随节奏左右摇动，也可以做自己想做的动作。

（播放《青春修炼手册》《青春舞曲》《友谊地久天长》，全班同学跟唱。）

在欢歌笑语中我们的活动即将结束了，但是结束只是新的开始。希望同学们在活动后会更加积极主动地和同学交流，相信我们的班级凝聚力将进一步增强。让我们从现在开始和他人交流，敞开自己的心扉，面对最真实的自己。

十、活动总结

①对活动过程进行总结，找出活动中出现的问题，并撰写反思报告。

②结合反思报告，调整活动方案。

十一、活动预算

根据具体实施情况对所要购买的物品做预算。

十二、注意事项

①在整个过程中维持课堂秩序。

②督促小组成员在活动过程中积极参与。

③活动期间遵守纪律。

男生女生，阳光交往

一、活动主题

男生女生，阳光交往。

二、活动背景

与异性交往就是与异性互动，建立直接的心理联系的过程。拥有良好的人际关系是个体心理健康的基础之一。在人际交往中，我们不仅要与同性交往，也要与异性交往。特别是对于青少年来说，健康的异性交往是非常重要的。

随着进入青春期，第二性征开始发育，青少年对异性产生好奇和兴趣。由于缺乏必要的人际交往引导及性教育，他们虽然内心渴望与异性交往，但是可能又会觉得不好意思。因此，男女生之间会变得陌生，减少了交往，有的同学甚至不再与异性交往，也有一小部分同学不知如何把握好尺度，与异性交往时超出了友谊的界限，陷入早恋。这些都应该引起重视，社会、学校和家庭都应该引导青少年理性看待异性交往，学会与异性正常相处。

与异性的正常交往对青少年的成长与发展具有积极意义。良好的异性交往可以帮助青少年实现更好的自我认同，建立清晰的自我概念，形成自我同一性，认同自身的性别角色，并理性接受异性的性别角色。同时，与异性建立良好的关系还有助于青少年获得更多的归属感、安全感，促进其心身发展。

三、活动目标

①认知目标：了解异性交往的含义以及必要性。

②态度及情感目标：树立健康的异性交往观念，形成正确的异性交往态度。

③能力及问题解决目标：掌握异性之间合理交往的技巧，学会处理异性交友过程中出现的问题。

四、活动时间

各学期均可。

五、活动地点

桌椅可灵活移动、配有多媒体设备的教室。

六、活动对象

初中生、高中生。

七、活动形式

视频赏析、情景模拟、小组讨论。

八、前期准备

①制订活动方案及制作相应的PPT。

②准备活动的相关视频。

九、活动流程

(一)活动导入

同学们，我们先一起来看一段视频主人公。在看视频的过程中，请你思考主人公遇到了什么苦恼，为什么她会有这样的苦恼。

(播放视频。学生回答主人公的苦恼和她苦恼的原因。)

同学们都看出来了，主人公的苦恼是别人误解她和男同学在谈恋爱。她之所以这样苦恼，是因为这样的误解使她不知道该如何和男同学交往了。发生在主人公身上的事情有没有也发生在同学们身上呢？

(学生回答。)

是的，大家在生活中可能会遇到和主人公类似的问题。有时候和某个异性走得稍微近了一点，就可能会被同学指指点点，甚至还会被老师和家长误会。同学们常常会为了与异性的交往感到苦恼。有的同学为了减少麻烦，不让周围人误会，就会减少与异性的交往。慢慢地，与异性交往就少了。随着时间的流逝，有的同学会变得不知道怎样与异性交往。

（二）与异性交往的必要性

其实，我们没有必要回避与异性交往。在生活中，我们可能会误解与异性的交往，也不敢与异性交往。健康的异性交往对身心健康是非常重要的。那么，异性交往有什么好处？请前后 4 人一组，讨论这个问题。讨论结束后，请 5 位小组代表和全班同学分享。

（学生分享。）

大家讨论得很积极。那么现在我们一起来看看与异性正常交往有哪些好处。

①与异性正常交往可以平衡异性之间存在的认知差异。一般情况下，在记忆方面，女生在机械记忆和形象记忆方面优于男生，而男生则在理解记忆、抽象记忆方面强于女生；在思维方面，女生偏向于形象思维，而男生则偏向于逻辑思维；在言语方面，女生开口说话的时间略早于男生，其口语的流畅性比男生强，喜用富有情感色彩的形容词和名词，男生的言语发展晚于女生，但词汇量一般比女生多，更喜欢用抽象名词和动词。通过交往，男生和女生可以相互学习、取长补短。

②与异性正常交往可以促进个体自觉地改变和完善自己。异性之间相互吸引会使个体产生完善自己的期待，同时也会给双方创造取长补短和发展自身优点的良好环境与氛围。进入青春期的个体大多希望自己能够成为受到异性关注和欢迎的人，因此，在与异性交往时，他们会总结自身的缺点和不足，努力改变自己、完善自己。

③与异性正常交往有利于个体良好个性的形成和发展。一般来说，男生情感粗犷、外露，女生情感细腻、内敛。在与异性交往的过程中，男、女生的情感交流是互补的，这有助于弥补同性交往的不足，促进个体的心理平衡发展。同时，与异性正常交往可以使青少年更加开朗，情感体验更加丰富，从而促进个性的发展。

④与异性正常交往有利于促进个体性别角色的良好发展。人的性别角色可以分为三类，即男性化、女性化和双性化。男性化是指个体的男性特质强，女性化是指个体的女性特质强，双性化是指个体的男性特质和女性特质都强。与异性的正常交往可以促进男、女生的相互了解，以及自身性别角色的建立。

⑤与异性正常交往有利于个体相互激励，提高学习效率。心理学研究发现，异性效应是一种普遍存在的心理现象，有两性共同参与的活动比只有同性参加的活动能使人获得更多的愉悦感和满足感，能更好地激发参与者内在的积极性和创造力。

（三）情景模拟

既然与异性交往有这么多好处，那我们应该适当与异性交往。但是在现实中，我们常常会遇到一些不知如何解决的问题。接下来，我们进行情景模拟，老师会给大家呈现三种异性交往的情景，请大家在看完后，假想自己是情景中的主人公，向组内成员分享自己的做法。

情景一：小丽和小刚分别是班长和副班长。一天，小丽找小刚商量近期班级要开展的活动，因为这个活动需要保密以便给同学带来惊喜，所以他们把讨论的地点选在了校园的小树林里。当他们正在讨论的时候，恰巧被班里的几个女生看到了。这几个女生回到教室后，将看到的情况告诉了班里的同学。小丽和小刚谈完工作回到教室后发现同学们对他俩议论纷纷。面对这样的情形，两人不知如何是好。

讨论：

①他们该继续合作还是彼此疏远？

②如何避免此类情况的发生？

（学生分组讨论，教师请几位学生代表分享。）

很多同学可能都遇到过类似的情况，有些同学为了避免别人说闲话，会选择彼此疏远的方式，但是这并不能从根本上解决问题。小刚和小丽本来只是正常交往，如果因为同学们的误会而疏远，反而会加深大家的误解。所以，最好的解决方式是跟同学们解释清楚，两人在一起是为了讨论班级活动，并且在今后的学习和生活中依然保持正常的交往，既不过分疏远，也不过分亲密，这样谣言就会不攻自破。

情景二：王欢是一个成绩优秀、气质高雅的女生。在一次自修课上，王欢正在写作业，一个小纸团落在了她的课桌上，打开一看，上面写着："王欢，我喜欢你。请放学后到××见面，我有话想对你说。"她知道是同班一个男生写的，心里咯噔了一下，感到忐忑不安，不知道怎么办。

讨论：王欢该怎么办？

（学生分组讨论，教师请几位学生代表分享。）

首先，同学们要清楚"对异性有好感"并不是"爱"。进入青春期之后，我们可能会对异性产生好感，想和自己欣赏的异性多接触。但是很多时候，我们不知道该如何与异性交往，因此采用了一些不好的方式。

我们身边有很多优秀的同学，我们希望和他们做朋友，甚至会对他们产生好感，这都是正常的。每个人都喜欢美好的事物，但是我们一定要采取合理的方式表达自己的想法。

情景三：妈妈发现最近儿子小明的衣服上常常墨迹斑斑，尤其是袖子上，像是用笔尖戳过的。而且，有时候儿子的手上也有些地方被抓破了。妈妈问儿子是怎么回事，儿子总说是自己不小心弄的。后来在妈妈的再三追问下，小明才说出这是坐在前面的女同学王玉所为。

妈妈到了学校，悄悄地找到了王玉，和她进行了良好的沟通和交流。王玉告诉她，小明经常在后面拽她的头发，踢她的凳子，有时候还会搞恶作剧吓唬她，有时候她实在气不过了才拿笔戳他。王玉跟小明妈妈道了歉，认识到自己的行为是不对的。

妈妈听了王玉的话也很不好意思，她实在不理解儿子为什么会这样。

讨论：

①小明为什么要这样做？

②如果你是小明，你会怎么办？

（学生分组讨论，教师请几位学生代表分享。）

小明之所以会去欺负王玉，是因为他想要与王玉交往，但是又不知道和女生正常交往的方式，因此才会使用让王玉讨厌的方式和她相处。

（四）与异性交往怎么做

与异性交往有一些注意事项，我们只有注意了这些事项，掌握好与异性交往的尺度，才能较好地处理与异性的关系。

1. 与异性交往的误区

生理和心理的发展可能使青少年对异性交往产生一些错误的认知。我们在和异性交往时要注意避开这些误区，保持良好的心态。

（1）正视与异性的交往

与异性交往不等于早恋。现在很多家长、老师甚至学生都认为只要与异性同学交友，那就是早恋，这是一种不合理的认知。与异性交往是正常现象，我们应该鼓励与异性交往，不能戴有色眼镜去看待与异性的交往，不能为了防止早恋而禁止与异性交往。

（2）摆脱矛盾的心理

青少年在青春期会渴望与异性交往，但是由于大家对早恋问题都过于敏感，害怕与异性交往会被人误以为是早恋，因此很多孩子压抑了自己想与异性交往的想法，陷入了想要和异性交往又不敢交往的矛盾之中。

我们要正视青春期男女之间的交往，这有利于男生和女生取长补短、相互促进。我们应该克服想要交往又不敢交往的矛盾心理，以正常的眼光看待与异性的交往，积极大方地与异性交往，学习他们的优点，努力提升自己。

2. 与异性交往的行为原则

只有消除了对异性交往的错误认知，我们才能大方地与异性交往。但是和异性的交往与和同性的交往不一样，有一些需要注意的方面。我们先来看看以下几种情景，看看其中的同学应该怎么做。

情景四：小强和小莉是一起长大的好朋友，上了中学后他们还经常像小时候一样手拉手上学和放学。同学们看到后总会指指点点，小莉觉得自己没做错什么，很冤枉。如果你是小莉，你会怎么做？

A. 不管别人说什么，依然我行我素。

B. 和小强继续做朋友，但是会注意场合及尺度。

（学生回答，并说明原因。）

情景五：一天放学时，突然下起了大雨，没有带伞的小丽站在校门口焦急万分。这时，和她同路的同学小刚打着雨伞走了过来。如果你是小刚，你会怎么做？

A. 默默走开，假装没看见小丽。

B. 帮助小丽，送她回家。

（学生回答，并说明原因。）

情景六：在教室里，小明和小方在嬉笑追打。小明不小心打到了小红的头，小红大怒："讨厌，你们烦不烦啊！"小明回应："关你什么事！"

同学们，如果你遇到这种情况，你会怎么处理？

（学生交流、讨论。）

从上面的情景中我们可以发现，在与异性交往的时候要注意以下几个方面。

①把握尺度。异性交往的程度和方式要恰到好处，异性交往的方式应为大多数人所接受。女生要保持适度矜持，男生要注意行为得当。

②文明、宽容。在与异性交往时，要做到文明、宽容：第一，注重文明礼仪，举止大方，说话文明，切忌讲粗话、脏话；第二，对待异性不要随意拍肩、拉手、打打闹闹；第三，相互尊重，不能拿异性取乐，也不能随意辱骂对方。

③自然大方。消除与异性交往时的不自然感是建立正常异性关系的前提。自然大方的最好体现是，像对待同性同学那样对待异性同学，像建立同性关系那样建立异性关系，像与同性交往那样与异性交往。在与异性交往的过程中，言语、表情、行为、情感流露要做到自然、顺畅，既不能过分夸张，也不能闪烁其词，既不能盲目冲动，也不能矫揉造作。

④交往公开。与异性交往要保持公开性，最好不要单独与异性交往，以免引起误会。此外，可以与多个异性交往，这样才能更好地培养与异性交往的技巧。

(五)活动结束

与异性交往是非常美好的，我们应该摘掉有色眼镜。老师希望同学们都能收获美好的友谊，无论男生还是女生，只要你们的兴趣爱好相同，就可以互相学习，一起进步，可以大胆地对他说："你好，交个朋友吧!"

十、活动总结

①对活动过程进行总结，找出活动中出现的问题，并撰写反思报告。
②结合反思报告，调整活动方案。

十一、活动预算

根据具体实施情况对所要购买的物品做预算。

十二、注意事项

①在活动分组时，注意男女生人数要均衡，引导男女生在活动中理性交往。
②督促小组成员在活动过程中积极参与。

共建和谐寝室

一、活动主题

共建和谐寝室。

二、活动背景

寝室作为大学生生活休息、交流思想、沟通信息、传递情感较集中的

"小社会"，是大学生构建人际关系的重要阵地。

和谐的寝室人际关系给寝室成员以宽容、友善的环境和氛围，不仅有助于大学生形成正确的世界观、人生观、价值观，集中精力完成学业，而且使大学生在交往中感受到快乐。反之，不和谐的寝室人际关系则可能使大学生的心理发展不平衡，产生焦虑、压抑等消极的心理体验，甚至会出现心理障碍，影响正常的学习和生活。

在竞争越来越激烈的当代社会，人际交往是大学生赖以生存和发展的重要因素之一。如何正确认识和处理人际关系对于即将步入社会的大学生而言显得尤为关键。我们处在复杂的社会关系中，并不是独立的个体，良好的人际关系有助于我们更好地适应竞争激烈的社会。处理寝室人际关系是大学生人际交往活动的开始，只有学会正确地处理寝室人际关系，才能提高大学生的人际交往能力。

三、活动目标

①认知目标：了解和谐的寝室人际关系的重要性和寝室人际关系不和谐的原因。

②态度及情感目标：学会正确地看待寝室成员间的矛盾与冲突。

③能力及问题解决目标：掌握寝室人际交往的技巧，促进人际关系的健康发展。

四、活动时间

各学期均可。

五、活动地点

桌椅可灵活移动、配有多媒体设备的教室。

六、活动对象

大学生。

七、活动形式

视频欣赏、小组讨论、知识讲授。

八、前期准备

①制订活动方案及制作相应的PPT。

②准备活动的相关视频。

③根据学生的实际人数进行分组，每组6人左右，按照学号的尾数随机分组。

九、活动流程

（一）活动导入

大学阶段是人生的重要阶段。大学生离开家来到集体中生活，逐渐变得自立，渴望被认可，渴望能建立良好的人际圈子，获得真诚的友情、爱情等。住在同一个寝室的大学生可能来自不同的地方，拥有不同的家庭背景、性格、生活习惯等，需要进行磨合，在这个过程中可能会产生许多矛盾和冲突，导致出现寝室人际关系问题。

寝室人际关系问题是引发大学生心理危机的重要原因之一。在寝室这个相对固定与封闭的空间内，如果个体无法正确处理与寝室成员的关系，可能会出现一系列负面情绪和行为问题。在这种现状下有以下两种现象值得关注。

①小团体的盛行。寝室是大学生离开家后的第二个家。在这个家中，学生会根据个人志趣、性情和其他室友组成小团体。这些小团体一般有两三人，如一起自习的小团体、一起去图书馆看书的小团体、一起逛街的小团体、一起吃饭的小团体。

②"独行侠"的产生。同寝室的成员来自不同的地区，有着不同的家庭背景和生活习惯，在很多问题上难免会出现分歧、发生矛盾。有的大学生不能很好地处理这些矛盾，导致与寝室成员的关系不融洽，不愿意和寝室成员交往；时间长了，这些学生可能就会形成孤僻、自私的性格，成为室友眼中的"独行侠"，与其他寝室成员格格不入。

其实，寝室成员发生矛盾和冲突是不可避免的，重要的是我们如何去面对并解决这些矛盾和冲突。下面我们来看一个与寝室冲突相关的案例。

（播放视频。）

寝室成员出现矛盾是常见的。请大家以小组为单位，讨论导致寝室人际关系不良的原因有哪些。讨论结束后请各组派一位学生代表发言。

（小组讨论，教师请学生代表发言。）

大学寝室人际关系不和谐常见的原因有以下几点。

1. 价值强迫

价值强迫是指用自己的价值标准去衡量和评价别人。如果个体没有学会尊重他人的价值观，总是用自己的价值标准去衡量他人，就会导致人际冲突。当个体用自己的价值标准去衡量别人时，就会对他人的言谈举止产生诸多意见。当矛盾越积越多而得不到合理解决时，可能就会产生人际矛盾。

价值强迫还可能会使人将自己的价值观、行为方式等强加在室友身上，让室友按照他的价值标准和行为方式来处事，这会给他人留下盛气凌人、不尊重人的负面印象，导致室友不愿与其交往，造成寝室人际关系不和谐。

2. 生活习惯的差异

来自不同地区、不同文化背景、不同家庭状况的学生住在同一个寝室中，不同的习惯增加了寝室成员之间和睦相处的难度。例如，每个人的作息时间不一样，"被熬夜"是大学生寝室中的普遍现象，也是导致大学生寝室人际关系紧张的主要原因之一。不良的卫生习惯也是引发寝室矛盾的重要原因。有些同学不注意卫生，床上又脏又乱，东西乱扔；而有些同学爱干净，经常打扫卫生。久而久之，这两类同学就会产生矛盾，导致寝室人际关系不和谐。

3. 妒忌、猜疑等不良心理

在大学里，一些同学由于某方面比较突出而成为班里的焦点人物，但也常常成为同学妒忌的对象。如果这些同学在处理寝室人际关系时言行表现不当，则很容易引起同学的妒忌、猜疑，从而导致寝室人际关系紧张。

4. 人际沟通技巧的缺乏

同寝室的同学需要在一起生活，因为性格、生活方式的诸多不同，处在同一屋檐下难免会产生各种摩擦。如果他们能够开诚布公，有效地沟通和交流，就能够营造和谐的寝室氛围。如果缺乏人际沟通技巧，就会导致矛盾越来越大。

(二)应对寝室人际关系的妙招

接下来介绍 6 种应对寝室人际关系的妙招。

1. 控制不良情绪

良好的情绪能够成为事业、学习和生活的内驱力，而不良情绪则会对身心健康、人际交往等产生破坏作用。因此，增强自己的情绪调控能力是非常重要的。

第一，我们要学会合理宣泄不良情绪。当产生愤怒、忧伤、焦虑等情绪时，我们不能采用向他人发泄的方式，而应该通过其他方式来宣泄，如参加体育运动、写日记、大哭等方法。一旦不良情绪得到合理宣泄，个体就能冷静下来思考和处理问题，避免给寝室人际关系带来影响。

第二，当与寝室成员发生冲突时，我们可以选择离开。离开冲突源，我们可以快速地冷静下来，重新审视发生冲突的原因，思考解决问题的方式，避免问题升级。

2. 保持良好的沟通

沟通是人们分享信息、思想和情感的过程。这个过程既包括口头语言和书面语言，也包括肢体语言等。它是人生中很重要的一课。与他人进行有效的沟通，建立良好的人际关系，并不是每个人都能做到的。不要怕出现矛盾，交往中出现摩擦是正常现象，要学会面对，学会倾听对方的声音，努力解决问题。

3. 学会宽容

宽容是一门艺术。有不顺心或者对方让你不舒服的地方，自己首先要调整心态，及时与对方说明，试着对对方宽容一些。宽容不等于忍让，真正的宽容是接受。如果真的出现不可包容的问题，则需要双方进行有效的沟通，找出问题根源，对症下药，从而解决问题。

4. 学会换位思考

换位思考是设身处地为他人着想，即想人所想、理解至上的处理方式。人与人之间要互相理解、信任，并且要学会换位思考，这是人与人交往的基础。学会换位思考，很多问题便能迎刃而解。理解对方是良好沟通的重要一步。

5. 积极参加寝室集体活动

寝室是大学生重要的生活环境之一。积极参加寝室组织的各种团体活动，不仅能巩固室友之间的感情，而且能扩大人际交往圈、开阔视野。同时，也要遵守寝室的各种约定和制度，如值日制度等。

6. 学会说"不"

很多同学不能很好地处理与寝室成员关系的原因就是不会说"不"，不知道如何拒绝室友不合理的要求，久而久之，导致负性情绪出现。要学会拒绝不合理的要求，在拒绝他人时，首先要做到有理有据，说明拒绝的原因，让对方理解你；其次要做到不卑不亢，不要因为拒绝他人而产生愧疚，或者感觉对不起他人；最后答应了他人的事情，就要尽全力去完成，避免给他人留下"不负责任"的不良印象。

(三)活动结束

寝室是我们每天生活的地方，是我们的第二个家，拥有和谐的寝室人际关系是每个人都渴望的。希望大家能够将今天活动中所学的知识和技巧应用到生活中去，祝愿每位同学都拥有和谐的寝室人际关系！

十、活动总结

①对活动过程进行总结，找出活动中出现的问题，并撰写反思报告。

②结合反思报告，调整活动方案。

十一、活动预算

根据具体实施情况对所要购买的物品做预算。

十二、注意事项

①引导学生课堂练习应对寝室人际关系的技巧。

②引导学生从自身寻找存在寝室问题的原因。

学会赞美，感受快乐

一、活动主题

学会赞美，感受快乐。

二、活动背景

良好的人际关系是个体心理健康的基础之一。青少年应该学会营造良好的人际氛围，这样才能拥有良好的人际关系。赞美是个体发自内心地对自己支持的人或事做出肯定的表达。适度的赞美能够增进我们和他人的友谊，使我们能够更好地和他人交往。

青少年常见的心理问题之一就是人际交往问题。很多青少年不知道如何和他人交往，不知道怎样让自己和他人的关系更加融洽。学会赞美他人在一定程度上可以解决青少年的人际交往问题。赞美能在使对方感到愉悦的同时也使赞美者感到愉悦。学会赞美他人能够使青少年学会从生活中发现美，学会用赞许的眼光看待周围的人和事，有助于与人更好地相处。

三、活动目标

①认知目标：认识到每个人都需要被人欣赏和赞美。

②态度及情感目标：具有主动赞美他人的意识。

③能力及问题解决目标：初步学会欣赏和赞美别人，学习赞美的方法，在生活中主动赞美他人。

四、活动时间

各学期均可。

五、活动地点

桌椅可灵活移动、配有多媒体设备的教室。

六、活动对象

初、高中及大学生。

七、活动形式

故事分享、角色扮演、团队活动。

八、前期准备

①制订活动方案及制作相应的 PPT。

②布置场地，准备活动的相关材料。

③准备好和学生人数相同的卡片，根据分组数确定卡片的颜色种类，有多少组则有多少种颜色的卡片（每种颜色卡片的张数和小组人数相同）。学生随机抽取卡片，颜色相同者为一组（每组 6～8 人）。

④课前安排 4 位同学分别熟悉和赞美相关的 4 个故事，在课堂上给同学们讲故事。

九、活动流程

（一）故事分享

老师会请 4 位同学分别给全班同学讲故事，每讲完一个，请讲故事的同学和听故事的同学谈感受（在分享环节尽量让不同组的学生进行分享）。

1. 故事：《赞美的力量》

在合唱团的选拔中，一个小女孩没有被老师选上，躲在公园里伤心地流泪。她想："为什么我不能去唱歌？难道我真的唱得很难听吗？"想着想着小女孩就低声唱了起来，唱了一首又一首歌，直到唱累了为止。"唱得真好听，"这时一个声音传来，"谢谢你小姑娘，你让我度过了一个愉快的下午。"说话的是一个满头白发的老人，他说完便站起来独自走了。许多年过去了，小女孩长大了，她变得美丽窈窕，而且成了小城里有名的歌星。当有记者采访她，问她"你为什么会成功"时，她想起了小时候老人对她歌声的赞美，她回答道："是赞美的力量！我的成功源于小时候的一次赞美，一位陌生的老人对我歌声的赞美让我重拾自信，并坚持在歌唱的道路上一直走下去！我很感谢赞美我的老人！"

（学生分享讲故事和听故事的感受。）

一次善意的赞美可能会改变一个人的命运。老人的赞美帮助小女孩找回了自信，使她坚持歌唱并取得了成功。赞美的力量多么强大。渴望被赞美是我们每个人基本的心理需求之一，我们的生活中不能缺少赞美。

2. 故事：《生活中的赞美》

某大型公司的一个清洁工在一天晚上与盗窃公司保险箱的小偷进行了搏斗。事后，有人问他"为什么会和小偷殊死搏斗"，他的回答却出人意料。他说："当公司总经理从我身旁经过时，总会不时地赞美我扫的地真干净！"每次公司总经理赞美他时，他都会觉得非常开心，觉得在这样的公司上班很愉快。因此，当看到小偷偷窃公司的财物时，他才会奋不顾身地与之搏斗。就是公司总经理简单的赞美感动了这个员工，增强了员工的职业认同感。

（学生分享讲故事和听故事的感受。）

生活中处处有赞美，请不要吝啬你的赞美，因为赞美是春风，使人感到温暖；请不要小看你的赞美，因为赞美是火种，可以点燃心中的憧憬与希望。赞美也是照在心中的阳光，没有阳光，我们便不能成长。我们要将赞美的种子播在你我的心田，让赞美的阳光照到每个人的身上！

3. 故事：《狐狸和乌鸦》

狐狸在树林里找吃的，它来到一棵大树下，看见乌鸦正站在树枝上，嘴里叼着一片肉。狐狸馋得直流口水。它眼珠一转，对乌鸦说："亲爱的乌鸦，您好吗？"乌鸦没有回答。

狐狸赔着笑脸说："亲爱的乌鸦，您的孩子好吗？"乌鸦看了狐狸一眼，还是没有回答。

狐狸又摇摇尾巴说："亲爱的乌鸦，您的羽毛真漂亮，麻雀比起您来，可就差多了。您的嗓子真好，谁都爱听您唱歌，您就唱几句吧！"乌鸦听了狐狸的话，非常得意，就唱了起来。"哇……"它刚一开口，肉就掉了下来。狐狸叼起肉，一溜烟跑掉了。

（学生分享讲故事和听故事的感受。）

赞美应真诚，发自内心。虚伪的赞美不仅不能达到赞美的效果，而且不利于人际交往。

4. 故事：《春天里的赞美》

春天里，喜鹊看到桃树上开满了粉红的花朵，禁不住赞美道："花儿花儿，你们是春天里最美丽的天使！"

花儿抖动娇嫩的花瓣，甜甜地说："喜鹊大哥，你不该赞美我们，你该赞美树枝。要不是树枝，哪能孕育出我们这些花儿呢？"

喜鹊听了花儿的话，对树枝赞美道："树枝树枝，是你孕育出美丽的花儿，你真伟大！"

树枝伸了伸懒腰，对喜鹊说："喜鹊大哥，你不该赞美我们，你该赞美树干。没有树干输送养分，我们靠什么孕育美丽的花儿呢？"

喜鹊转而对树干赞美道："伟岸的树干呀，你输送养分孕育花儿，真伟大！"

树干看了一眼喜鹊，认真地说："喜鹊大哥，你不该赞美我，你该赞美地下的树根。没有树根汲取养分，我们能输送什么呢？"

喜鹊发出感叹，说："无私的树根呀，虽然我看不到你，但是你最值得敬佩！"

树根听了喜鹊的话，从地下发出声音说："喜鹊大哥，你不该赞美我们，你该赞美存储养分的大地呀！没有大地，我们到哪儿去汲取养分呢？"

喜鹊发出由衷的赞叹："大地呀，你存储养分默默无闻，滋养万物使大地欣欣向荣，你才是最伟大的！"

大地听了喜鹊和树根的话，发出了"呵呵"的笑声："孩子们呀，你们赞美我，我也要感谢你们！春天，遍地开满花儿，是我滋养了你们；秋天，黄叶飘落成泥，这也是万物对我的滋养！"

（学生分享讲故事和听故事的感受。）

在这个世界上，很多人都值得我们去赞美和感恩。我们要善于发现，生活中处处充满美，请不要吝啬我们的赞美！

赞美之于人心如同阳光之于万物。在我们的生活中，人人都需要赞美，人人都喜欢赞美。这不是虚荣心的表现，而是渴求上进，寻求理解、支持与鼓励的表现。赞美是一种慰藉，像一股清爽甘洌的泉水，使人们干涸的心灵得到滋润；赞美是一座灯塔，指引人们走出荒芜的沙漠；赞美是一缕阳光，拨开生活的阴霾，给人们的心灵以光明；赞美是一种能源，给人生旅途的跋涉者以取之不尽、用之不竭的力量。

（二）角色扮演

接下来，我们来看看在日常生活中常见的一些情景，在这些情景中我们应该如何赞美他人。下面我们进行角色扮演的活动。现在一共有 4 种情景，老师会先把每一种情景跟同学们做详细的介绍，然后邀请 4 组同学来表现在 4 种情景中我们会如何赞美。活动中会依次呈现 4 种情景，每组开展3～4分钟的讨论，选出 2～3 位学生代表进行角色扮演，分组并确定表演场景。

（不同小组的学生进行讨论，确定角色，排练。各小组依次到教室中间展示。每组展示结束后，请其他小组分享观后感。）

情景一：爸爸为了让放学回家的你不淋雨，正冒雨赶来为你送伞。雨很大，虽然披着雨衣，但雨水还是淋湿了他的裤子。此时，你会对爸爸说什么？

（进行角色扮演，学生分享观后感。）

在家庭中，赞美可以使我们与父母的关系更加亲密。因为赞美，我们对家人的理解多了，这有利于构建和谐、美满的家庭。请鼓起勇气，大声对家人说出赞美吧！

情景二：小芳和小王是好朋友，小芳的成绩一直比小王好，但在一次期末考试中，小王的成绩超过了小芳。如果你是小芳，你会对小王说什么？

（进行角色扮演，学生分享观后感。）

赞美不是嫉妒，也不是羡慕。我们应发自内心地、真诚地表达赞美，对同学和朋友取得的进步给予及时、恰当的赞美。赞美可以让我们相处得更融洽，这有利于营造和谐的班级氛围。

情景三：在炎热的夏天，每天清晨都能闻到从垃圾箱里发出的难闻的气味，从垃圾箱旁走过的人都会捂着鼻子躲得远远的。清洁工阿姨为了给社区居民创造良好的生活环境，一大早就辛苦地打扫，清理垃圾。此时，你会对清洁工阿姨说什么？

（进行角色扮演，学生分享观后感。）

因为赞美，我们的生活更加幸福；因为赞美，我们的社会更加和谐。

情景四：甲和乙两个应聘者去应聘工作，抽到的面试题都是"请赞美主考官"。甲的赞美是实事求是、适度的，让人听了舒服；而乙则夸大其词、有意恭维，给人的感觉是俗气、虚伪的，让人听了心生厌烦。

（进行角色扮演，学生分享观后感。）

一个人在生活中能被人欣赏、赞美是一件多么开心的事。但是，欣赏和赞美别人也是有原则的，一定是发自内心、针对具体事情的，不能过度。

(三)交流技巧

有同学可能会说，他常常也会表扬和赞美别人，但是有时候并没有感觉到对方听了之后很高兴，这个时候就要想一想你赞美别人的方式是否正确。

（学生思考。）

就和刚才同学们表演的情景四中的情况一样，同样是赞美考官，甲让考官觉得很舒服，而乙却让考官觉得很不愉快，这是因为两个人赞美的方式不同。赞美是需要技巧的，我们要用让别人舒服的方式去赞美他。

1. 真实，实事求是

我们要善于发现每个人的优点，赞美别人真实的一面，要有事实依据，不能无中生有。

2. 真诚，发自内心

只有发自内心地赞美，才能获得对方的好感。若无依据、虚情假意地赞美别人，对方不仅会感到莫名其妙，而且会觉得你很虚伪。

赞美别人时，我们要做到"五到"——心到、表情到、眼神到、动作到、声音到，即心里是有底气的，表情是有感染力的，眼神是热切的，动作是自然的，声音是充满感情的。这样的赞美一定会让人感觉是真诚、发自内心的。

3. 具体，言之有物

赞美要具体，具体到你要赞美对方的哪一点，而不能是空话或大话。例如，要具体到对方的哪个方面优秀，优秀的程度怎么样。这样的赞美才是具体、真挚、亲切和可信的，如"这件衣服很适合你，可以衬托出你优雅的气质"。

4. 适度，掌握分寸

过度夸张的赞美会显得虚伪，适得其反。有时候，只是一个赞许的目光、夸奖的手势、友好的微笑，就能让对方感受到你的赞美。例如，当同学取得进步时，我们可以给予他一个微笑、一个点头、一句鼓励的话。

5. 把握时机，及时赞美

一旦发现别人有值得赞美的地方就要及时赞美，如果延后或者提前，赞美都会失去意义。例如，在别人成功时，送上一句赞语，就犹如锦上添花。

(四)活动："爱的传递"

刚才我们学习了赞美他人的技巧，接下来就让我们通过活动"爱的传递"来练习怎样使用这些技巧。活动开始后，每个小组的同学围成一个圈，在纸上写下旁边同学的优点，最少写三个，按顺时针的顺序完成。写完之后，和同学面对面，大声地赞美对方。在赞美的过程中，注意用到我们刚才所讲的技巧。

（学生互相赞美。活动结束后教师请小组代表分享赞美他人和被赞美的感受。）

同学们看上去都很开心，都收获了他人真诚的赞美。

今天的活动让我们的收获颇多。生活中有了赞美，才有了和谐、轻松和愉快。在故事中，我们感受到了赞美的力量，他人真诚的赞美可以鼓励和鞭策我们不断攀登新的高峰。在活动中，我们学会了如何表达赞美。我们要善于发现他人身上的闪光点，赞美他人要实事求是，内容要具体，态度要谦虚。在面对他人的赞美时，要表示感谢，发现自身的优点与不足，肯定自己。生活中有很多值得我们赞美的人，请大声说出你真诚的赞美。

十、活动总结

①对活动过程进行总结，找出活动中出现的问题，并撰写反思报告。

②结合反思报告，调整活动方案。

十一、活动预算

根据具体实施情况对所要购买的物品做预算。

十二、注意事项

①设计课堂练习，带学生实践赞美的技巧。

②在"爱的传递"活动中，引导学生要结合他人的实际情况写出赞美之词。

第四章　青春期性教育

解读青春期，阳光面对性困扰

一、活动主题

解读青春期，阳光面对性困扰。

二、活动背景

青春期是个体身心变化较大的一个阶段。在这一阶段，个体的身高、体重快速增长，出现第二性征，性器官和性机能逐渐成熟，心理也会发生一系列变化，如希望能够和异性交往、产生性幻想和性冲动等。由于性教育的不足，青少年很难通过正常的途径获取应对青春期性困扰的相关知识和方法，可能会通过查阅网络、与同伴交流等方式来寻求帮助。由于对自身问题的理解存在片面性，他们在获取知识时可能会受到误导，影响对自身问题的正确认知，这不但不能解决问题，可能还会导致焦虑、内疚、羞愧等负性情绪。如果不能帮助青少年走出心理困惑、正视性发育和性成熟，他们可能会处于不良的心理状态，这会影响他们正常的生活和学习，甚至影响他们的性取向、性价值观、性别角色认同等，对其一生造成困扰。

三、活动目标

①认知目标：正确认识青春期常见的性困扰。

②态度及情感目标：接纳青春期发育过程中出现的心理现象。

③能力及问题解决目标：改变对青春期性困扰的不合理认知并能够应对这些困扰，维护自己的心理健康。

四、活动时间

各学期均可。

五、活动地点

桌椅可灵活移动、配有多媒体设备的教室。

六、活动对象

初中生。

七、活动形式

知识讲授、案例分析、小组讨论。

八、前期准备

①制订活动方案及制作相应的 PPT。

②准备具有代表性的青春期性困扰的案例若干。

③准备活动的相关视频。

④准备 A4 纸若干。

⑤根据人数进行分组，6～8 人一组。根据学生组数布置座位，每组围坐在一张桌子旁。

九、活动流程

(一)活动导入

同学们，今天我们要一起讨论一个平时大家都不太敢公开说的话题——性困扰。大家现在正处于青春期，身体正在不知不觉发生变化。老师看到班上的同学们长高了，第二性征明显了，这是大家长大的标志，我们应该为此感到高兴。同学们，你为你的身体变化感到高兴吗？

（学生回答。教师预想学生大多会保持沉默。）

从同学们的反应中，老师没有感受到大家的喜悦，很多同学都沉默了。可见，青春期给大家带来的不只有成长，也有很多困扰。由于父母和老师很少会和大家在性方面进行沟通和交流，我们也不愿意和父母分享自己的困扰，慢慢地，很多问题堆积起来，就会产生错误的性认知，影响学习和生活。在今天的活动中，老师想和大家一起来探讨你们的困扰，帮助大家解读青春期遇到的各种状况。希望我们可以抛开平时的疑虑和害羞心理，把自己的问题和想法都说出来，大家开诚布公地谈谈性。

老师给每位同学发一张 A4 纸，请每位同学把自己遇到的性方面的困扰写在纸上。有的同学可能会比较害羞，害怕别人知道自己的问题，为了保护大家的隐私，可以不用写名字。写完后，老师会把问题收起来，选择一些问题和同学们一起商量如何应对和解决。

（学生写出自己的性困扰。）

刚才老师已经看了同学们存在的困扰。看来，同学们的困扰大部分是有共性的，很多同学的问题都是相似的。

其实，进入青春期后，生理的发育会冲击我们的心理，使我们产生一些生理和心理上的困扰。下面，我们就跟随几位青春期男生、女生的困扰，一起去看一看、想一想我们该如何愉快、健康地度过青春期。

（二）我正常吗

案例一：最近小明的心情不是很好。前几天，他和班上的男生在一起聊天时，大家聊起了遗精。一起聊天的几个男生都已经出现了遗精，大家相互交流应对遗精的经验，而小明却不知道说什么，因为他还没有出现。这件事以后，小明就一直在想："我是不是发育迟缓，为什么别人都有的生理现象我却还没有呢？"

案例二：看着周围女同学的胸部渐渐发育，小红感到很苦恼、失落。她感觉自己的胸部好像没有太大变化，"我是不是不正常？"她觉得很自卑。

同学们，案例中的两位同学都在为他们青春期的发育感到苦恼，你有过这方面的苦恼吗？

从同学们刚才交给我的问题中，我看到了有类似困扰的同学。有的同学苦恼于自己的第二性征过于明显，有的同学苦恼于自己的生理发育迟缓。不管是哪种情况，都会使同学们怀疑自己是不是发育不正常，从而产生生理和心理上的困扰。

青春期是个体从儿童成长为成年人的过渡期。青春期的发育是有个体差异的。一般情况下，女性发育开始和结束的时间都要比男性早一些。另外，由于个体遗传、身体素质、营养水平等方面的差异，青春期的发育也会表现出个体差异。因此，我们要理性面对青春期发育过程中存在的个体差异，不要和他人盲目进行比较。

如果对自己的发育情况有质疑，应该及时和家长进行沟通与交流。一方面，从父母那里可以了解他们的青春期发育情况，看自己的发育是否受遗传因素的影响；另一方面，如果确实存在早熟或发育迟缓的情况，父母会及时带你就医，了解原因，对症下药，及时处理存在的问题。

（三）我变坏了吗

案例三：在老师和同学们的眼中，李兵是一位品学兼优的学生，性格开朗，乐于助人。最近，老师发现李兵发生了一些变化：不爱说话了，上课时常常注意力不集中，一个人的时候常常坐着发呆。老师和他进行了沟通，他只说没有什么，可能是晚上看书太晚了，没有休息好。

其实，只有李兵才知道自己的苦恼。李兵比较欣赏班上的女同学张娟。前段时间，两人被老师选为班队活动的主持人，经常在一起彩排、讨论等。通过这次合作，李兵对张娟的好感不断增加。晚上睡觉之前，他也会不由自主地想起张娟，还会有些冲动和幻想。李兵为此陷入了深深的懊恼和自责之中，认为自己这样是不对的。他不敢跟父母和老师说，只有努力地控制自己不去想，但是越想控制就越控制不了。"难道我变了吗？我怎么会这样呢？"这种想法严重影响了李兵正常的学习和生活。

同学们，李兵的情况是青春期产生的性冲动和性幻想。

青少年性冲动是指随着青春期成熟，在激素和环境的刺激下，个体对性行为的渴望与冲动。其具体表现为渴望与异性发生亲密的行为，如拥抱、亲吻、抚摸等。

青少年性幻想是指在性欲没有得到满足的情况下，个体自己编导的带有性色彩的"故事"。

随着青春期的性成熟，个体会产生性幻想和性冲动。第一，要理性地接纳自己出现的性幻想和性冲动。第二，要学会控制自己的性幻想和性冲动。①养成良好的生活习惯，按时作息，穿宽松的内衣。②培养兴趣爱好，树立奋斗目标。一个有目标的人会将更多的精力放在自己感兴趣的事情上，专注于目标的达成，更少分心，更容易克制内心的冲动。③多参加集体活动和体育锻炼，广泛地和周围的异性交往，减少对异性的好奇心。

（四）我应该和异性交往吗

案例四：肖磊和王云是同班同学，他们的父母是同事，两家人住在同一栋家属楼里。他们俩从小就在一起玩耍，一起上学、放学，学习上有困难也相互帮助，关系特别好。进入初中以后，两人还是维持着小学的交往模式，但是慢慢地，两人发现班上很多同学会对他们指指点点，甚至说他们在谈恋爱。虽然两人没有不愉快的事情发生，也很想维持以前的关系，但是因为害怕被人误会而不敢再近距离接触了。一次，肖磊在放学时叫王云和他一起回去，却被王云拒绝了。慢慢地，两人的关系日渐疏远，有时候在小区里遇到了也装作看不见。

（小组讨论1）如果你是肖磊或王云，你会如何继续和对方交往？

（学生分组讨论，教师请小组代表分享。）

（小组讨论2）请大家结合自己的经历，谈一谈从小学到中学男、女生的交往有什么变化。

（学生分组讨论，教师请小组代表分享。）

青春期第二性征的发育使男生和女生的身体都发生了一定的变化。他们在适应自身身体变化的同时，也会对异性的身体产生好奇，渴望与异性交往。但是由于缺乏交往技巧、害怕被人误解等原因，他们又不敢与异性交往，从而面临一些心理困扰。

青春期的异性交往会发生比较大的变化，异性关系主要经历以下三个阶段。

第一阶段，疏远异性期。进入青春期初期后，第二性征出现，青少年会强烈意识到异性之间的差异，更多关注自身生理和心理的变化，对异性主要采取回避的态度。其具体表现为男女之间的界限明显，彼此疏远，即使是儿时的好友，在这一阶段也会对彼此的交往感到不自然。

第二阶段，接近异性期。到了青春期中期，个体对自身的性发育已经比较了解。这时，他们开始关注异性，渴望与异性交往、了解异性。其具体表现为男生会主动和女生沟通与交往，希望自己能够获得女生的好感；女生则关注自己的外表等，希望引起男生的注意。

第三阶段，模仿性初恋期。青春期后期，随着性器官的发育成熟、男女之间交往的增多，个体可能会追求爱情。在这一时期，他们从广泛地和异性交往转变为只想和某一个自己欣赏的异性交往。

这里需要提醒大家，虽然我们说青春期的性成熟会促使我们对异性产生好奇，渴望与异性亲密接触，但并不是鼓励大家早恋。恋爱是一件严肃的事情。青少年由于世界观和人生观还没有完全形成、自我调控能力较差、经济不独立等，还不能完全承担恋爱的责任。同学们在发现自己有早恋倾向时，请冷静地想一想自己是否能够应对早恋带来的问题。

（五）活动结束

青春是美好的，也是让人烦恼的。在青春期，我们可能会遇到各种和性相关的困扰。有困扰不可怕，不去解决这些困扰才是可怕的，它会让我们不知所措、焦虑、紧张。希望今天的活动能够帮助大家解答心中的一些困惑。希望同学们在生活中遇到性困扰时及时向家长、老师求助，尽快走出困惑，健康成长。

十、活动总结

①对活动过程进行总结，找出活动中出现的问题，并撰写反思报告。

②结合反思报告，调整活动方案。

十一、活动预算

根据具体实施情况对所要购买的物品做预算。

十二、注意事项

教师注意帮助学生克服"羞怯"心理，正视青春期性问题。

揭秘青春期，正视青春期

一、活动主题

揭秘青春期，正视青春期。

二、活动背景

青春期是人体迅速生长发育的关键时期，也是继婴儿期后，人生第二个生长发育的高峰期。这个时期学生的生理、心理和社会性都逐渐成熟，这一方面刺激了青少年成熟意识的觉醒，另一方面给青少年带来了很多异性交往和性心理卫生方面的问题。青春期的孩子总是既憧憬成熟又留恋童年，既追求完美又总有缺憾，这样矛盾的心理导致他们问题重重。因此，此阶段对学生进行青春期专题教育是非常必要也是非常重要的。

三、活动目标

①认知目标：了解什么是青春期，青春期的生理和心理变化有哪些。
②态度及情感目标：正确认识青春期常见的生理和心理问题。
③能力及问题解决目标：掌握处理青春期心理调节的方法。

四、活动时间

各学期均可。

五、活动地点

桌椅可灵活移动、配有多媒体设备的教室。

六、活动对象

初中生。

七、活动形式

知识讲授、小组讨论、案例分析。

八、前期准备

①制订活动方案及制作相应的PPT。

②准备活动的相关视频和音乐。

③组织学生进行分组，首先男、女生分开，然后根据男、女生人数确定小组人数。

④活动开始前组织学生将教室的桌椅按照小组摆好。

⑤准备 A4 纸若干。

九、活动流程

(一)活动导入

同学们，我们先来看一个视频。

（播放视频。）

从视频中，老师看到了一个个小男孩慢慢长大，变成了小伙子，一个个小女孩慢慢长大，变成了青春靓丽的姑娘。在不知不觉中，我们渐渐长大，进入了青春期。在青春期，我们的身体会发生变化，各项生理机能趋于成熟，我们进入了人生的又一个生长发育的高峰期。

青春期是每个人都会经历的成长阶段，我们必须正视它、了解它，学会应对发育过程中可能会遇到的状况。回避只会使我们的困惑增多，导致我们出现焦虑、忧郁等负性情绪，影响我们的生活和学习。今天我们的活动主题就是"揭秘青春期，正视青春期"。

(二)正视青春期

在这一时期，身高快速增长，体重迅速增加，性器官发育成熟，性机能水平接近成人，男性出现遗精，女性月经来潮，身体出现第二性征。很多同学由于一时不能适应青春期的一系列变化，会出现很多烦恼和困扰。我们来看两位同学的烦恼。

案例一：张明是一个开朗的男生，但是最近却变得不爱说话了，常常一个人发呆。原来，几天前，张明和几个男生一起去上厕所，在小便的时候被另外几个男生嘲笑了，他开始怀疑自己是不是发育不正常，是不是真的会像同学们说的那样长大了没有生育能力。因为害羞，他又不敢跟父母和老师说，一个人闷在心里，越来越苦恼。

案例二：伍月月是一个初一的女生，她在洗澡的时候突然觉得自己的乳房左右不对称、大小不一致。她觉得很困惑，开始担心自己不正常。越担心，她就越关注胸部的发育。过了一段时间，胸部还是不对称，她有点紧张，又不好意思跟父母说。

同学们，请你们帮助案例中的两位主人公分析一下，他们是否是发育不正常。男生分析案例一，女生分析案例二，分析结束后，我们请小组代表和大家分享。

（学生分析、讨论，学生代表与全班分享。）

青春期的生理发育是存在个体差异的，由于遗传、营养、个人体质等各方面的影响，每个人的发育进程都是不同的。案例中的两位同学都是正常的，只要我们正确地了解青春期生理发育的相关知识，这些困扰自然就会迎刃而解。

在青春期，个体除了生理的变化，心理也会随之发生相应的变化。我们先一起来看看青春期的生理变化。

1. 青春期的生理变化

（1）身高快速增长

身高快速增长是青春期生理变化的主要特征，女生在青春期早期身高的增长速度比男生快。因此，在小学、初中的教室里经常会发现个子最高的同学是女生，而到了初中后期和高中，男生的身高就会迅速增长，超过女生。同学们一定要趁着青春期身高快速增长的这段时间，按时作息，少吃垃圾食品，加强锻炼，这样才能长得高高的。

（2）体重迅速增加

在青春期，男、女生的体重大多会迅速增加。很多女生会觉得自己长胖了；男生的肌肉增多，身材开始呈现倒三角形。

（3）生理机能水平接近成人

青少年的生理机能日趋完善，最显著的变化是性器官和性机能迅速成熟。一方面，第二性征日益凸显：女生主要表现为乳房隆起、骨盆变宽等，男生主要表现为长胡须、喉结凸起、嗓音变粗等；另一方面，随着生殖系统的发育成熟，个体的性机能也成熟了：女生性成熟的标志是出现月经，男生性成熟的标志是出现遗精。通常，男生的性成熟晚于女生。

青春期是我们成长过程中的重要阶段之一，在这期间我们要注意维护自己的生理健康，避免一些坏习惯影响身体发育。

我们来看几个日常生活中的常见情景，同学们来判断一下这些行为是否有利于青春期身体的发育。

①为了赶时间，有些同学不吃早饭，宁可吃些零食来填饱肚子。

②明明长大了，感觉身体渐渐有了变化，他到书店买了一些青春期方面的书籍阅读，并将这些书带到班里传阅。

③小磊是个时尚的男孩子，最近刚买了一条紧身牛仔裤。紧身牛仔裤

将他的下半身包得很紧，很不舒服，但为了好看，小磊心想穿久了就习惯了。

④小莉的身体发生了一些变化，这让她觉得很难堪，总觉得大家在盯着她日渐隆起的胸部看。她走路不敢抬头挺胸，总是佝偻着，也不愿意参加体育活动。

（请各小组依次判断正误，并讨论生活中是否有类似情况发生。）

看来很多同学都出现过不利于青春期生理发育的各种行为。老师提醒大家做好青春期的护理：①注重营养搭配，养成良好的饮食习惯，少喝含糖饮料，不吸烟，不喝酒；②遇到困惑时要及时向父母、老师求助，及时解决困惑，促进正常发育；③多进行锻炼。

2. 青春期的心理变化

青春期的心理变化主要表现在以下两个方面。

第一，个体产生了强烈的成人感，在心理上希望能尽快进入成人世界，尽快摆脱童年时的一切，扮演一个新角色，但是在新角色的建立过程中，又会遇到种种阻碍和困难，产生心理困扰。

第二，个体会对异性好奇，对异性产生向往和追求的情愫，但又不能公开表达，因而体验到一种强烈的冲击和压抑。

青春期生理和心理的一系列变化也会让青少年在异性面前的行为发生一些变化，主要表现为两大类。

①男生在异性面前的主要表现。

第一类：稳重，有礼貌，有责任心，热爱运动，乐于帮助女生。

第二类：好胜，好斗，好表现自己，注重穿着打扮，喜欢逞强、扮酷。

②女生在异性面前的主要表现。

第一类：热情善良，落落大方。

第二类：好表现自己，争强好胜。

同学们，请大家以小组为单位进行讨论：作为一个男生或女生，你更喜欢哪一类表现？为什么？

（学生讨论，小组代表分享。）

通过大家的讨论、分享，相信大家都知道了什么类型的异性受欢迎，也希望大家可以据此来调整自己。

（三）青春期的心理调节

青春期的心理变化是巨大的，青少年如果没有得到正确的疏导，就可能产生很多负性情绪，还可能形成自卑、敏感、人际退缩等不良性格。老师给大家推荐几种方法，希望能够帮助大家顺利度过青春期。

1. 正确面对青春期，认识自己、反省自己

应清楚青春期的变化都是正常的，面对自己的种种变化保持坦然的心态。在这个过程中，不仅要认识自己的生理变化，也要看清自己的心理变化，发现自己的优点和缺点，学会扬长避短，悦纳缺点。同时，要学会自我观察，进行反思。在反思过程中要注意：一是学会让思考进入自己的生活，对自己能心平气和地进行分析，包括自己的现状、自己与人相处的状况、自己的一些优点和缺陷、自己的人生理想等；二是在反省中要避免情绪化，不要为一点小事钻牛角尖，不要过于自信和骄傲，也不要过于悲观和自卑，要用客观的眼光看待自己，接纳自己的矛盾心理和孤独感。

2. 多和父母、老师交流

当你因为青春期问题而感到困扰和烦恼的时候，不要害怕与父母、老师交流，可以找一个安全的谈话空间，和父母或老师真诚地交流，说出心中的烦恼，以获得有效的帮助。在交流的过程中要注意两点：一是确保对方清楚你真正想要表达的东西，避免因为表达和理解不到位而引起不必要的误会甚至冲突；二是认真倾听，如果有不清楚的地方要及时提出来，确保谈话内容的有效性。

3. 友善、和谐地与人相处

人际交往在青少年心理健康发展中占有非常重要的位置。应多和同学、朋友沟通，客观地看待异性交往，在与他人（特别是异性）交往的时候做到从容、不卑不亢。同时，要善于通过人际交往进行自我总结，通过别人的评价和帮助学习更多的知识，了解自己在别人心目中的形象，及时改正不足之处，在人际交往中相互促进，共同成长。

（四）活动结束

同学们，青春是一首美妙的音乐，它撩动我们年轻的思绪；青春是一团熊熊的烈火，它点燃我们沸腾的热血；青春是一本书，它启迪我们的智慧和心灵。青春充满着无数的奥秘，需要我们去一一经历和解读；青春带来了无数的困惑和烦恼，需要我们一一去战胜。希望同学们都能顺利地度过青春期，健康、快乐地成长！

（播放音乐《青春修炼手册》，结束活动。）

十、活动总结

①对活动过程进行总结，找出活动中出现的问题，并撰写反思报告。

②结合反思报告，调整活动方案。

十一、活动预算

根据具体实施情况对所要购买的物品做预算。

十二、注意事项

①在课堂上，教师引导学生克服羞怯心理。

②活动期间不打闹，不大声喧哗，积极参与课堂讨论。

第五章　学习心理指导

拥有适度动机，积极快乐学习

一、活动主题

拥有适度动机，积极快乐学习。

二、活动背景

学习动机是指引发与维持个体的学习行为，并使之指向一定学习目标的一种动力倾向。学习动机和学习的关系就犹如帆与船的关系，一旦没有了学习动机，就像船失去了帆，学习就会失去方向。

学习动机的水平会直接影响学习效果。没有学习动机，学生就不会产生学习行为；学习动机不足，学习行为水平不高，可能会使学生因为学习成绩不理想而产生厌学情绪，甚至放弃学习；学习动机过强，对学习成绩过于重视，可能会使学生因为压力过大而产生消极情绪，影响学习进程，导致学习效果不佳。可见，学习动机不仅会影响学生的学习行为和学习效果，而且会影响学生的心理健康水平，导致学生出现焦虑、压抑、暴躁等消极情绪。

值得关注的是，由于学习动机过强、过于关注学习成绩，很多学生都会出现考试焦虑。随着年级的升高，学生的学习压力不断增大，其学习焦虑水平也有逐渐上升的趋势。学习焦虑会影响学生正常水平的发挥，导致学生失去学习兴趣、产生自卑的心理等。因此，帮助学生正确认识学习动机、建立适合自己的学习动机水平是非常重要的。

三、活动目标

①认知目标：了解学习动机的含义、类型及作用，知道中等强度的动机是最佳动机水平。

②态度及情感目标：认识适度的学习动机水平对取得理想的学习成绩的重要性，有调整自身动机水平的主动意识。

③能力及问题解决目标：掌握保持适度学习动机水平的方法，并调整自

己的学习动机水平。

四、活动时间

各学期均可。

五、活动地点

桌椅可灵活移动、配有多媒体设备的教室。

六、活动对象

初、高中及大学生。

七、活动形式

知识讲授、视频赏析、案例分析。

八、前期准备

①制订活动方案及制作相应的 PPT。
②准备活动的相关视频。

九、活动流程

(一)活动导入

同学们，英国著名诗人雪莱有一句话："我们愈是学习，愈觉得自己的贫乏。"这句话其实是指学无止境，我们一生都要不断地学习。联合国教育、科学及文化组织在 1965 年召开的成人教育促进国际会议上提出了"终身教育"的概念，指出每个社会成员都要适应社会发展，促进个人价值的实现，就要终身学习。学习不只是学生的事情，也不只在学校中进行，而是我们终身都要坚持的事情。

我们一起来看一段视频，看一看视频中的学习状态和同学们的学习状态有没有相似之处。

（播放视频《学习》。学生交流观看视频后的感受，教师请学生代表谈观看后的感受。）

大家都觉得视频中的一些情况也曾经出现在自己身上。很多时候，我们都希望自己通过努力学习能够取得优异的成绩。但是在开始学习之后，常常会因为各种情况影响学习，学习热情渐渐减退，变得懒散。请大家思考一下，为什么会出现这样的情况。同桌之间相互交流，等会儿和全班同学分享你们的看法。

（学生讨论、分享。）

同学们出现这样的情况，和大家的心理状态有关，这就是今天我们活动的主题——"拥有适度动机，积极快乐学习"。

（二）正确认识学习动机

学习动机是我们学习时不可缺少的好搭档。如果把学习比喻为船，那学习动机就是船上的帆，它会帮助我们确定学习的方向。要取得理想的学习成绩，首先必须拥有适度的学习动机水平。只有在动机的作用下，我们才会有学习动力，才会积极主动地投入学习中。

1. 学习动机是什么

学习动机是指引发与维持个体的学习行为，并使之指向一定学习目标的一种动力倾向。简而言之，就是推动我们学习的动力，对于学习有重要的作用。

（1）激发作用

学习动机是激发个体学习行为的内驱力。它可以促使个体产生求知欲、学习热情和学习主动性，积极主动地开展一系列学习行为。

（2）定向作用

学习动机能引导个体从纷繁复杂的信息中选择有意义的信息，确定学习目标，围绕学习目标开展学习活动。

（3）维持、监督作用

学习动机可以使个体主动、自律，积极调控学习行为，制订学习计划，力求达到既定的学习目标。

现在，大家对学习动机有一定的了解了。接下来，请大家谈一谈你的学习动机是什么。请前后4人一组，交流各自的学习动机，并由一位同学记录。

（教师请几位学生代表分享学习动机，并在学生分享时将其记录在黑板上。）

我们一起来看看同学们的学习动机。大家的学习动机有相同的，也有不同的，不同的学习动机对学习所起的作用是不同的。同学们可以先了解学习动机的类型，看看自己的学习动机属于哪一类。

2. 学习动机的类型

根据不同的分类标准，学习动机可以分为不同的类型。

①根据学习的动力来源划分，学习动机可以分为内部动机和外部动机。

内部动机是指由个体的内在需要引起的学习动机，如求知欲。外部动机是指由外部原因引起的学习动机，如为了得到父母的表扬。

现在，请同学们将自己的学习动机进行内部和外部的分类。

（学生进行分类。）

同学们已经把学习动机分好类了，请几位同学来分享一下他们的内部动机和外部动机分别是什么。

（学生代表分享。）

同学们，你觉得是内部动机的作用大还是外部动机的作用大？为什么？

（学生思考，教师请学生代表和全班分享。）

两种动机都有各自的作用，都是我们在学习过程中所需要的。但我们要注意，内部动机所起的作用更为强烈而持久。在学习初期，外部动机可以激发个体的学习兴趣，使个体开展学习活动。随着学习的深入，个体可以逐渐培养学习的内部动机，通过调节内部动机来维持学习行为。

②根据学习动机的来源和持续性划分，学习动机可以分为直接近景性动机和间接远景性动机。

直接近景性动机是由学习活动本身引起的、与学习活动直接相连的动机，表现为对学习活动的直接兴趣。

间接远景性动机是指与学习或学习活动的结果和价值相联系的动机，是个体的理想、信念等在学习上的体现，如为了找到好的工作、为了不辜负父母的期望、为了报效祖国等。

我们再来看看自己的学习动机，请按照这个标准对自己的动机进行分类。

（学生进行分类。）

请大家思考一下，这两种动机在我们的学习中分别起着什么样的作用。

（学生思考，教师请学生代表回答。）

在学习的过程中，直接近景性动机所起的作用是很明显的，如老师上课生动有趣，学生很喜欢，学得很认真，学习效果就好。但这种动机的持续性不强，过了当下，可能就不再起作用了。间接远景性动机的作用是持久、稳定的，能够长时间地激励个体努力学习，维持个体的学习行为，并使个体取得理想的学习成绩。

从学习动机的分类中，我们了解到不同类型的学习动机都是有用的，只是在不同的情况下需要调动不同的学习动机。同时，我们要注意，内部动机和间接远景性动机对于维持个体的学习行为、完成学习目标的作用更大，因此，我们要尽量培养这两种学习动机。

在了解了学习动机和它的分类之后，有的同学可能就会有疑问了："为什么我的学习动机是内部的，也是间接远景性的，可学习成绩还是不理想？"这种情况和学习动机的强度有关。

（三）保持适度的学习动机

我们来看几个和学习动机相关的案例，分析主人公的学习动机，了解什么强度的学习动机是最适合的。

1. 学习动机不足

首先，我们来看一个关于沉迷于网络、厌学的学生的视频。请大家在看视频的时候，思考是什么原因导致了该学生沉迷于网络、厌学。

（播放视频《厌学》。学生思考，教师请学生代表分享。）

同学们的分析都有一定的道理。刚才在视频中，我们看到工作人员在和孩子沟通时，发现孩子没有学习目标、觉得什么都没有意思。这说明，这个孩子是没有学习动机的，这就是他厌学、沉迷于网络的原因。

学习动机不足会产生很多负面影响。

①学习动机不足会导致个体对学习没有兴趣。即使人在学校，也是"身在曹营心在汉"，上课发呆走神，很难按照要求完成学习任务。有的同学还可能会违纪，影响其他同学学习。

②由于学习动机不足，个体对学习的兴趣不够，在学习过程中很容易分心，受到外界的干扰，容易出现沉迷于网络等行为问题。

看了这个视频，我们知道了学习动机不足对学习是不利的。那么，是不是学习动机越强越好？

2. 学习动机过强

小王学习很努力，成绩基本名列前茅，但是现在常常在一些重要考试中出现失误。下面我们来看看小王的自述。

我是一名中学生，在学习中我总是告诉自己：我就是最好的，别人都比不上我！但当考试没有考好的时候，我总是感到很失望，很讨厌那些成绩好的人，甚至不愿意和他们说话。为什么我平时熬夜努力还是不如别人？没有考好，我就觉得对不起父母和老师，觉得同学们会嘲笑我！

同学们看到这里，请大家设想一下小王是否会取得理想的学习成绩，为什么？

（学生思考、交流，教师请学生代表分享。）

案例中的小王有非常强的学习动机。他认为没有考好就对不起父母和老师，就会被同学嘲笑。在这样的学习动机的驱使下，他肯定会很努力地学习，理论上应该能够取得良好的学习成绩，但实际上并没有得到他想要的学习成绩。我们继续看小王的自述。

为什么我在考试前复习得很好了，一到考试的时候就都忘记了？在考试的过程中，当看到周围同学翻试卷时，我就开始紧张，结果往往会出现很多失误，本来可以考90分，最后只能考80分，甚至更差。哎，怎么办？考不好我怎么面对周围的人！

较强的学习动机并没有帮助小王取得他想要的成绩。可见，学习动机并非越强越好。过强的学习动机也会给学习带来负面影响。

①学习动机过强，会使个体过于在乎学习成绩，而忽视了考试只是对所学知识的检验，导致个体在考试过程中总因为担心成绩而出现焦虑、思维混乱等情况，影响正常发挥。

②学习动机过强，会使个体在学习上对自己的要求过高、急于求成，导致事倍功半，产生消极情绪。

这两个案例告诉我们，学习动机不足不利于个体取得良好的学习效果。关于动机的耶基斯－多德森定律告诉我们，动机水平与活动效果之间呈倒U形关系；中等强度的学习动机是最佳的，既能激发我们的学习兴趣和学习行为，又不会使我们产生焦虑、压抑等消极情绪，能够帮助我们达到最佳的学习效果。

3. 如何维持适度的学习动机

既然中等强度的动机是最有利于学习的，那么，最重要的就是如何才能维持适度的学习动机。我们可以尝试从以下两个方面来调节学习动机的强度。

(1) 对学习动机有清晰的认知

首先要对自己的学习动机有清晰的认知，知道自己的学习动机水平怎么样，是否需要调整。从刚才的视频中，我们已经知道了学习动机不足的主要表现，动机过强的主要表现是过于看重学习结果、焦虑。同学们，请判断一下自己是否有以上两种情况。

(学生思考。)

不管你的动机水平是哪种情况，都不用担心。通过今天的活动，我们要关注学习动机，养成主动调适学习动机的习惯，及时将自己的不良学习状态进行调整。

(2) 设置合理的学习目标

在学习过程中，我们需要根据自己的实际情况设置合理的学习目标。目标过高，我们会焦虑，影响学习效果；目标过低，我们会缺乏学习积极性，学习行为会减少。

同学们，一起来看两个案例，分析案例中的主人公给自己定的学习目标是否合理。

案例一：在小学的时候，小李是班里的佼佼者；升到初中后，小李给自己定的学习目标降低了；高中以后，小李觉得学习内容太难了，给自己定的学习目标更低了。就这样，小李的学习成绩不断下滑。

案例二：小赵是一名高一学生，立志成为一名企业家。于是他每天天不亮就起床，晚上也睡得晚。一个月过去了，小赵的成绩不但没有提升，反而下降了。由于长期熬夜，他上课时常常打瞌睡，身体也变得虚弱了。

在这两个案例中，主人公的学习目标设置得合理吗？为什么？

（学生思考，教师请学生代表分享。）

是的，案例一中的小李不断降低学习目标，降低对自己的要求，导致学习主动性不断减弱、学习成绩下滑；案例二中的小赵给自己定的目标过高，完全忽视了自身的实际情况，结果虽然付出了很大的努力，但是效果却不理想。

所以，同学们一定要按照自己的实际情况来制定学习目标。虽然每位同学制定目标都有自己的方法和习惯，但是请大家遵循一个原则："跳一跳，摘到桃。"你的目标应是付出一定努力能够达到的，这样的目标才能使你有所收获，才能让你愉悦地学习。

（四）课堂练习

请同学们根据自身的情况设计本学期期中和期末的学习目标。

（学习目标设置完成后和同桌分享，看是否有不合理之处，相互指出来，然后修改。）

请大家将设置的学习目标好好保存，当期中和期末快到时，将它拿出来看一看，判断自己的学习行为和学习目标是否需要调整，在不断调整过程中让自己达到最好的学习状态。

（五）活动结束

今天的活动即将结束，请同桌相互谈一谈，你们将会如何在学习中维持适度的学习动机。

（请几位学生代表与全班同学分享。）

看来同学们都比较好地掌握了老师教给大家的方法。希望大家不要只停留在理论学习的阶段，而是真正在学习中运用它们。希望每位同学都能够有清晰、适度的学习目标，在学习过程中维持适度的学习动机，好好学习，天天向上，取得理想的成绩！

十、活动总结

①对活动过程进行总结，找出活动中出现的问题，并撰写反思报告。

②结合反思报告，调整活动方案。

十一、活动预算

根据具体实施情况对所要购买的物品做预算。

十二、注意事项

①引导学生深入分析、清晰认识自身的学习动机。

②引导学生应结合自身的实际情况制定学习目标，避免目标设置得过高或过低。

战胜考试焦虑，展我真实水平

一、活动主题

战胜考试焦虑，展我真实水平。

二、活动背景

考试焦虑是指考生在面对考试时产生的不同程度的紧张、焦虑的情绪，包括考前焦虑、临场焦虑和考后焦虑。耶基斯一多德森定律告诉我们，动机水平与活动效果之间呈倒 U 形关系，动机水平过高或过低都不利于取得良好的结果。在面对考试时，动机水平过高，个体容易出现考试焦虑，影响正常发挥；适度的动机水平则有助于个体取得良好的考试成绩。

虽然目前素质教育已经得到社会的高度重视，但是人们在追求学生整体素质提高的同时，仍然重视他们的学习成绩。学生的学习压力不断加大。很多学生由于过分重视考试成绩，而在面对考试时高度紧张，影响了正常水平的发挥，不能取得良好的学习成绩。严重的考试焦虑者会出现自卑、焦虑、思维迟滞、食欲不振、失眠、坐立不安等情况，严重影响身心健康，甚至会威胁到生命安全。因此，我们必须引导学生正确面对考试，战胜考试焦虑。

三、活动目标

①认知目标：理解什么是考试焦虑、考试焦虑对身心的危害，知道自身的考试焦虑水平。

②态度及情感目标：理解考试的真正价值和意义，从容面对考试

焦虑。

③能力及问题解决目标：掌握放松训练、自我暗示、认知调控等方法来缓解考试焦虑。

四、活动时间

各学期均可。

五、活动地点

桌椅可灵活移动、配有多媒体设备的教室。

六、活动对象

初、高中及大学生。

七、活动形式

知识讲授、心理测试、行为训练。

八、前期准备

①制订活动方案及制作相应的 PPT。

②准备考试焦虑自评量表，每人一份。

③准备放松训练的背景音乐。

九、活动流程

(一)考试焦虑知多少

同学们，我们一起来看一组图片。大家在看的时候想一想，你在生活中是否也有图片中的情况。

（教师一边呈现关于考试焦虑的图片，一边向学生适当讲解。）

同学们，你在生活中出现过以上情况吗？

（请几位学生回答。）

是的，这些图片描述的是当学生面对考试时可能会出现的一些生理和心理反应。刚才几位同学都表示出现过类似的情况。

图片中的所有反应都是考试焦虑的表现。考试焦虑是指考生在面对考试时产生的不同程度的紧张、焦虑的情绪，包括考前焦虑、临场焦虑和考后焦虑。我们刚才已经看到，学生面对考试时可能会出现焦虑、失眠、多梦、长痘痘、肚子疼等一系列问题，给身心带来很多负面影响。那么，请同学们思考一下，考试焦虑对我们的身心健康是否有积极意义。

（学生思考，和邻座的同学小声讨论。）

耶基斯—多德森定律告诉我们，动机水平与活动效果之间呈倒 U 形关系，动机水平过高或过低都不利于取得良好的结果。在面对考试时，动机水平过高的话，个体容易出现考试焦虑，影响正常发挥；动机水平过低的话，个体就会对考试结果没有预期，没有取得良好成绩的动机，导致对考试不重视，影响考试结果；而中等强度的动机水平是最好的状态，既保证了个体对考试结果有适当的预期，又不会使个体出现不良的身心症状，影响其正常发挥。

我们要正确面对考试焦虑，不要一说到考试焦虑，就觉得全是负面影响。如果考试焦虑水平过高，我们就应尝试将其降低；如果考试焦虑水平过低，我们就应尝试将其提高。

我们先来了解自己的考试焦虑水平，只有正视自己的考试焦虑，才能战胜它。

(二)考试焦虑水平测试

每个人都拿到了一份考试焦虑自评量表（见附件），一共有 33 个题目。请大家读完每个题目后，凭自己的第一感觉在与自己情况相符的选项上打"√"。注意，答案无所谓好坏，只是帮助大家了解自己的考试焦虑情况，在回答时不要有心理负担。

（学生完成考试焦虑水平测试。部分学生做得比较快，教师提醒做完的学生可以休息一会儿，不要改动自己的选择。确认全班都做完后，教师向学生讲解计分方式，带学生给自己的测试计分。）

好，所有同学已经完成了测试，现在请大家根据计分方式给自己的测试计分。

计分方式：每个题目都有四个选项，A 为很符合，B 为比较符合，C 为较不符合，D 为很不符合；选 A 得 3 分，选 B 得 2 分，选 C 得 1 分，选 D 得 0 分，量表总分为所有题目得分之和。分数解释见表 5-1。

表 5-1　分数解释

总分	焦虑水平
0～24	适度的焦虑水平
25～49	不良的焦虑水平（轻度焦虑）
50～74	不良的焦虑水平（中度焦虑）
75～99	不良的焦虑水平（重度焦虑）

通过测试，同学们对自己的考试焦虑水平有了一定的了解。不良的焦虑水平会影响大家考试时的正常发挥，导致不能取得预期的学习成绩。焦虑水

平越高，越可能给我们带来压力，影响我们的身心健康。

从测试结果来看，同学们都有着不同水平的考试焦虑。不管你的焦虑水平如何，都不要过于担心。如果能够正确面对考试，并掌握有效的调适焦虑的技巧，我们就能轻松地应对考试焦虑，发挥它的促进作用，减少其负面影响。

（三）考试的价值（认知调控）

同学们，你是如何看待考试的？考试成绩对你来说意味着什么？

（学生思考、讨论，教师请学生代表回答。）

其实，考试焦虑在很大程度上是因为对考试的意义没有正确的认知。结合刚才同学们对考试的看法，老师和大家一起来了解对考试意义的常见错误认知。

1. 考试是为了报答父母的养育之恩

有部分同学之所以出现考试焦虑，是因为觉得"考不好，爸爸妈妈会失望""考不好，爸爸妈妈会骂我，认为我不争气"，害怕父母失望和责骂而过于担心考试成绩，进而导致考试焦虑。

2. 考试成绩不好，周围的人会看不起我

有些同学会认为"万一我没有考好，同学就会嘲笑我，老师就会不喜欢我"，在这种思想的引导下，思想负担过重，过于担心考试成绩，影响正常发挥。

3. 考试是证明能力的方式

有些同学会认为"只有考试成绩好，才能证明我是有能力的"，这会使他们过于看重考试成绩，导致考试焦虑。

在这些错误的认知下，他们不会关注考试的真正价值，出现不同程度的考试焦虑，影响自己的学习成绩。因此，要战胜考试焦虑，首先应该纠正不合理的、错误的认知。

我们来看一看考试的价值是什么。

考试是一种知识水平的鉴定方式。通过考试，我们可以了解自身对所学知识的掌握程度，有助于查漏补缺，及时发现并解决知识学习中存在的问题。这就是考试的真正价值。

所以，我们要把每一次考试当作检查自己最近学习情况的一种手段，正确面对考试结果。告诉自己，考得好，说明知识掌握得好，学习状态不错，应该继续保持；考得不好，说明知识掌握得不够，这时应该分析学习成绩不佳的原因，找准问题，解决问题。要么加大时间、精力的投入，要么调整学习方式，这样才能有效提高学习成绩。

（四）战胜考试焦虑

了解考试的真正价值有利于帮助大家形成对考试的正确认知。学习成绩对学生来说非常重要，每位学生都想要取得良好的成绩，因此，在面对考试时或多或少都会焦虑。同学们，在出现考试焦虑的时候，你采取过哪些方法缓解？

（学生讨论，然后学生代表分享。）

同学们的方法听起来都很不错，大家可以根据自己的情况选择适合自己的方法。接下来，老师要和大家分享两个应对焦虑的技巧，希望能够帮助大家缓解考试焦虑。

1. 自我暗示

故事一：瓦伦达是一名走钢丝的演员，在平时的表演中都很成功。今天，他要参加一个非常重要的演出。在演出前，他一直在想"这次表演太重要了，出问题的话会影响我的表演生涯，我一定不能出错，一定要成功……"结果，他在表演过程中从钢丝上跌了下来。

故事二：一名击剑运动员知道在即将举行的比赛中会遇到一名曾经击败过自己两次的选手，因而对比赛缺乏信心。在比赛前，他进行了心理咨询，心理学专家为他分析了他自己的优势（对手也会担心失败）。他越听越觉得有道理，便从害怕失败的情绪中解脱了出来，最终战胜了对手，夺得了冠军。

同学们，听完这两个故事，请和同桌讨论为什么瓦伦达失败了，而击剑运动员却获胜了。

（学生讨论，然后学生代表分享。）

其实这两个故事告诉了我们自我暗示的重要性。瓦伦达不断暗示自己，"这次比赛失败，我就完了"；击剑运动员不断暗示自己，"我很优秀，对手会害怕与我交手"。在不同的暗示下，两个人得到了不同的结果。可见，我们要学会在生活和学习中进行积极的自我暗示，而非消极的自我暗示。

在面对考试时，我们可以进行以下自我暗示。

①我已经做了充分的考前准备，只要发挥正常水平就好。

②我不会做的别人应该也不会做。

③适度的考试焦虑有利于取得更好的成绩。

④相信自己，我能行。

⑤凡事尽力而为，不能强求，只要发挥正常水平就好。

同学们可以根据自己的情况，选择适合自己的暗示语，在感到焦虑的时候不断对自己进行积极的暗示，这样能够在一定程度上缓解焦虑，帮助自己在考试中发挥正常水平。

2. 放松训练

自我暗示是自己不断地进行心理放松，我们还可以进行生理放松。最简单的生理放松就是深呼吸，同学们在深呼吸的时候可以配上舒缓、轻柔的音乐。

老师带大家一起练习一次，同学们应该就可以掌握了。

（教师带领全班同学做，同时播放轻音乐。）

（放松的过程中需要配合以下指导语）请你用一个舒适的姿势半躺在椅子上。先呼气，感觉肺部有足够的空间来做后面的深呼吸；然后用鼻子吸气，保持 3 秒钟，心里默数 1—2—3，停顿 1 秒钟；再把气体缓缓地呼出，可以在心中默数 1—2—3—4—5。让我们重复做几次：深吸气，1—2—3，停顿 1 秒钟再呼气，1—2—3—4—5；深吸气，1—2—3，停顿 1 秒钟再呼气，1—2—3—4—5；深吸气，1—2—3，停顿 1 秒钟再呼气，1—2—3—4—5；再来，深吸气，1—2—3，停顿 1 秒钟再呼气，1—2—3—4—5。

（练习结束后，请几位学生谈放松的感受。）

适当地循环深呼吸，能降低我们的紧张程度。同学们可以尝试在焦虑的时候通过深呼吸进行放松。深呼吸的次数可以根据自己的情况来决定。

（五）活动结束

在今天的活动中，我们一起了解了考试焦虑对身心的危害，测试了自己的焦虑水平，学习了用认知调控、自我暗示和放松训练的方法来缓解焦虑。希望下次同学们在面对考试的时候不再手足无措，而是从容应对。希望每个同学都能够"战胜考试焦虑，展我真实水平"！

十、活动总结

①对活动过程进行总结，找出活动中出现的问题，并撰写反思报告。
②结合反思报告，调整活动方案。

十一、活动预算

根据具体实施情况对所要购买的物品做预算。

十二、注意事项

①注意维持课堂秩序，督促每位同学参与课堂活动。特别是在测试环节，要保持安静。
②在测试时，引导学生尽量按真实情况作答。

十三、附件

考试焦虑自评量表

题目	与你的情况			
	A. 很符合	B. 比较符合	C. 较不符合	D. 很不符合
1. 在重要考试的前几天，我就坐立不安了。				
2. 每当临近考试，我就腹泻。				
3. 一想到考试即将来临，身体就会发僵。				
4. 在考试前，我总感到苦恼。				
5. 在考试前，我感到烦躁，脾气变坏。				
6. 在紧张的复习期间，常会想："这次考试要是得了低分怎么办？"				
7. 越临近考试，我的注意力越难集中。				
8. 一想到马上就要考试了，参加任何文娱活动都感到没劲。				
9. 在考试前，我总预感到这次考试要考砸。				
10. 在考试前，我常做关于考试的梦。				
11. 到了考试那天，我就不安起来。				
12. 当听到开始考试的铃声响时，我马上就急跳起来。				
13. 遇到重要的考试，我的脑子就变得比平时迟钝。				
14. 考试题目越多、越难，我就越感到不安。				
15. 在考试时，我的手会变得冰凉。				
16. 在考试时，我感到十分紧张。				
17. 一遇到很难的考试，我就担心自己会不及格。				

续表

题目	与你的情况			
	A. 很符合	B. 比较符合	C. 较不符合	D. 很不符合
18. 在紧张的考试中，我总会想些与考试无关的事情，注意力集中不起来。				
19. 在考试时，我会紧张得连平时记得滚瓜烂熟的知识也回忆不起来。				
20. 在考试中，我会沉浸在空想之中，一时忘了自己是在考试。				
21. 在考试中，我想上厕所的次数比平时多些。				
22. 在考试时，即使不热，我也会浑身出汗。				
23. 在考试时，我经常会看错题目。				
24. 在进行重要的考试时，我的头就会痛起来。				
25. 当发现剩下的时间来不及做完全部考题时，我就急得手足无措、浑身大汗。				
26. 如果我考了低分，家长或老师会严厉地指责我。				
27. 在考试后，发现自己会的题没有答对时，就十分生自己的气。				
28. 在几次重要的考试之后我会腹泻。				
29. 我十分厌烦考试。				
30. 只要考试不记成绩，我就喜欢考试。				
31. 考试不应当在这样的紧张状态下进行。				
32. 不考试，我能学到更多的知识。				
33. 在考试时，我会紧张得手发僵、写字不流畅。				

远离厌学情绪，快乐轻松学习

一、活动主题

远离厌学情绪，快乐轻松学习。

二、活动背景

厌学，是指学生对学习有消极情绪，表现为讨厌学习，对学习存在认知上的偏差，在情感上消极对待学习，在行为上疏远学习。厌学会影响学生身心的健康发展。①影响学生的学习行为，导致学习成绩不佳。②影响学生的自信心。由于学习成绩不佳，学生可能会对自己的学习能力失去信心，产生自卑的心理。③影响学生的人际关系。由于厌学，学生可能不愿主动和教师、同学进行沟通与交流，导致人际关系不佳。厌学会导致一系列不良后果，这些不良后果又让学生更加厌学。

学生在求学过程中，由于学习内容的难度增加、学习任务加重、学习成绩不理想等原因，可能会厌学。厌学已经成为学生心理健康维护不容忽视的问题之一。有效缓解学生的厌学情绪，需要社会、学校、家庭和学生个人的努力。其中，让他们自己认识到厌学的危害及如何克服厌学情绪是非常重要的。

三、活动目标

①认知目标：了解自身的厌学程度，知道厌学的危害及原因。
②态度及情感目标：愿意主动摆脱厌学情绪，培养学习兴趣。
③能力及问题解决目标：掌握远离厌学情绪的方法。

四、活动时间

各学期均可。

五、活动地点

桌椅可灵活移动、配有多媒体设备的教室。

六、活动对象

初、高中及大学生。

七、活动形式

知识讲授、视频赏析、问卷测试。

八、前期准备

①制订活动方案及制作相应的 PPT。

②准备活动的相关视频。

③准备厌学情绪问卷，每人一份。

九、活动流程

(一)活动导入

同学们，你有没有产生过"学习好累，不想学了"的念头？有没有很不喜欢某学科，觉得怎么学都学不好？有没有觉得最近的学习状态很不好？有没有觉得学习没有用，不想学了？

(教师每问一个问题，全班同学回答，然后请 2～3 位学生代表回答。)

同学们，以上几种状态都是厌学的表现。厌学必然会影响我们的学习行为，导致学习成绩不理想。那么，你有厌学情绪吗？你的厌学情绪达到了什么程度？让我们通过一个测试来帮助大家了解自身的厌学情绪。

(教师给学生分发厌学情绪问卷，内容见附件。)

同学们，问卷一共有 20 个题目，每个题目均有两个选项——"是"和"否"。请根据你的情况如实选择，在相应的选项上打"√"。结果无好坏之分，只是帮大家了解自身的厌学情绪。

(学生完成问卷。)

同学们都完成了，现在请大家根据自己的选择计算得分。首先，选择"是"得 1 分，选择"否"得 0 分，然后将各题目得分相加，算出问卷总分。

(学生计算问卷总分。)

算出总分后，请大家对照 PPT 上的分数解释，看看自己的厌学情绪如何。

①1～6 分：说明你有轻微的厌学情绪。

②7～13 分：说明你有中等程度的厌学情绪。

③14～20 分：说明你有严重的厌学情绪。

看来同学们大多都有一些厌学情绪，有的同学严重一点，有的同学轻一点。不管有何种程度的厌学情绪，我们都必须认识到厌学情绪是一种消极情绪，它的存在会给我们的身心健康带来负面影响。我们要想顺利地度过学生生涯，就应该战胜厌学情绪，远离厌学情绪。

(二)厌学是什么

1. 厌学的具体表现

厌学表现为讨厌学习，对学习存在认知上的偏差，在情感上消极对待学习，在行为上远离学习。

通过问卷测试，同学们都知道了自己的厌学程度。接下来，我们一起来了解不同程度的厌学的具体表现，正确认识厌学现象。

(1)轻度厌学

轻度厌学表现为对学习不感兴趣，但迫于家庭或外界压力又不得不走进学校。在校学习时，学习状态消极，学习效率低下。尽管有时候用功了，但是效果不佳，并且感到学习非常枯燥，对学习毫无兴趣。如果家长不督促，很少主动学习。

(2)中度厌学

中度厌学表现为开始学习时就觉得疲劳，甚至一提到学习就头疼，需要外界刺激来促使他完成学习任务；在学习上的投入很少，花在上网、打游戏、看电视上的时间都比花在学习上的时间多，没有明确的学习目的，不会提前做计划等。

(3)重度厌学

重度厌学表现为厌恶学习，抵触学习，认为上学是一种折磨，上课不认真听讲，做小动作，不参加考试，迟到、早退，与老师发生激烈的冲突，学习成绩严重下降。严重者可能会选择退学、离家出走等极端行为来逃避学习。

其实每位同学或多或少都会有厌学情绪。当同学们感到非常疲劳时，会对学习产生负面情绪。就像同学们刚才分享的一样，有时候真的是不想学了。这时，你就需要积极地调节自己的心理状态，尽快摆脱厌学情绪，避免厌学情绪给健康带来影响。

2. 厌学对身心健康的影响

在面对厌学情绪时，有的同学有比较好的自我调控能力，能够及时调节自己的状态，快速走出厌学情绪；有的同学却无视厌学情绪，导致厌学情绪日益加重。如果不能正确地应对厌学情绪，我们的身心健康也会受到影响。

(1)影响学习成绩

厌学会影响个体的学习行为，使个体没有学习的积极性，在学习上的投入减少，严重者甚至不学习，导致学习成绩不佳。

（2）影响个体的自信心

由于学习成绩不佳，个体可能会怀疑自己，对自身能力失去信心，陷入自卑中。

（3）影响个体的人际关系

由于厌学，个体的情绪低落，不愿主动和老师、同学进行沟通与交流，导致人际关系不佳。

除了以上危害，我们还要注意，如果厌学情绪得不到疏导和缓解，随着厌学程度的加深，个体可能由偶尔出现厌学情绪转变为患上厌学症。厌学症是一种心理疾病，患者轻则厌倦学习，重则怨恨老师和学校，一听到上学就浑身难受，出现恶心、头痛、失眠、肚子疼等症状。家长带孩子到医院做各项检查，却发现身体的各项生理指标都是正常的。还有的孩子会因为患上厌学症无法正常就读而辍学，过早步入社会，影响一生的发展。

（三）为什么厌学

是什么原因导致了厌学？请同学们相互讨论，结合自身的情况谈一谈导致厌学的原因。讨论结束后，我们会请几位同学分享。

（学生讨论、分享。）

刚才同学们结合自身的情况谈了自己为什么会厌学。接下来，我们来看一个因为沉迷于网络不愿意回学校学习的案例，大家分析一下主人公为什么会不愿意学习、沉迷于网络。

（播放视频《网瘾少年》。播放结束后，请几位学生说一说主人公不愿意学习的原因。）

从视频中我们可以看出，主人公之所以不愿意学习，部分原因是没有奋斗目标和叛逆。没有奋斗目标，导致其没有学习动机、缺乏学习行为。叛逆使他和父母对着干，父母让他学习，他偏不学；父母不让他上网，他偏要上。

每个家长都望子成龙，都尽心尽力地给孩子创造条件，希望孩子能够拥有闪亮的人生；每个老师都希望自己的学生出类拔萃；每个孩子都希望自己的人生精彩、闪亮。但是，不管期望多美好，我们都必须面对学生的厌学情绪。要帮助他们摆脱厌学情绪，就必须知道每个孩子厌学的原因，从而对症下药。

家长和老师往往只看到孩子厌学，可能用粗暴的手段干预孩子，却没有想过自己的言行是否会导致孩子厌学。其实，厌学和社会、学校、家庭、学生个人四个方面都是有联系的。

1. 社会

社会上的一些错误的价值观会误导学生，使学生在学习过程中遇到困难的时候轻易地放弃学习。

2. 学校

某些学校为了片面追求升学率，忽视学生的特长和学习兴趣，给学生布置的学习任务过重；学校的各类活动都围绕提高教学质量进行，单调、枯燥，甚至体育、音乐等课程也改设成语文、数学等应试科目，无法激发学生的学习兴趣。

部分教师在教学过程中存在教学方法单一、课堂讲授枯燥的情况，这会导致学生对该课程产生厌倦心理。另外，一些教师的课堂管理过于严厉，对学生的要求过高，也会使一些学生因为害怕被批评而产生厌学情绪。

3. 家庭

有些父母会给子女传递"不用好好读书"的错误观念，使学生在学习上缺乏学习动机；有些学生因为在生活上和学习上缺乏关爱和督促而出现厌学情绪。

4. 学生个人

首先，部分学生由于缺乏自信，怀疑自己的学习能力而产生厌学情绪；其次，部分学生由于缺乏正确的学习策略，虽然付出了大量努力，但是没有取得理想的学习成绩而产生厌学情绪；最后，部分学生由于学习基础较差，想要努力却不知如何入手而产生厌学情绪。

（四）如何远离厌学情绪

不管是什么原因导致了厌学，我们都没有必要去抱怨。当下，我们最应该做的就是进行自我调适，摆脱厌学情绪。

不管你是否有厌学情绪，请好好想想如何远离厌学情绪。

（请几位学生代表分享自己的看法。）

我们一起来试试远离厌学情绪的几种方法。

1. 设置合理的学习目标

学习是要有目标的，目标能够激励我们不断前进。在达成一个又一个学习目标的过程中，我们的自信心和自我效能感会不断增强，学习兴趣也会不断提高。

要设置合理的学习目标，首先需要我们有清晰的自我认知。人贵有自知之明，要清楚地认识自身的优缺点，克服缺点，发扬优点；设置合理的学习目标，相信自己存在的价值，不断超越自我。

我们之前做过认识自我的活动，同学们对自己的优缺点都有比较清晰的认识。在清晰认识自我的基础上，我们需要给自己设定一个合理的学习目标。学习目标不能太低也不能太高，太低会因为太过容易、没有挑战性而无法激发个体的学习行为；也不能太高，太高会因为无法达到而打击个体的自信心。

请同学们结合自己的实际情况，给自己的期中考试设定一个目标。例如，你可以设置总分考多少分。切记，一定要结合自己的实际情况，在原有基础上适当地提高。

（学生设定期中目标。）

2. 寻找适合的学习方法

没有笨学生，只有不会学习的学生。每位同学都是聪明能干的，你付出了努力而没有取得好的学习成绩，绝大部分原因都是学习方法不对。

要寻求好的方法，同学们可以向外界求助。第一，可以咨询自己的科任老师，老师会根据多年的教学经验给你好的建议；第二，可以向学习成绩优异的同学取经，看他们的学习方法中是否有适合你的；第三，可以向自己的父母取经，看他们有没有可以帮到你的。

总之，我们不能在厌学情绪中越陷越深，要找到适合自己的学习方法，让自己的学习事半功倍，提高自己的自信心。

3. 自我激励

要学会自我激励，不断在学习过程中奖励自己。当取得一个小进步、完成一个小目标时，我们可以给自己一个小小的奖励，如一个冰激凌、一顿美食、一本好书、一件心仪的衣服……感受进步带给自己的快乐和满足，培养自己对学习的兴趣。

4. 劳逸结合

保持身心健康是顺利学习的基础。过度学习会导致个体疲劳、睡眠不足、学习效率下降，久而久之可能使个体厌学。因此，我们在学习的时候应该劳逸结合，避免因为疲劳而产生厌学情绪。

（1）合理安排休闲时间

在每天学习之余，要安排休闲时间。同学们常常抱怨没有时间休息，其实，休息并不一定要很长时间，有时 10 分钟、20 分钟就可以达到放松身心的目的。

在休息的时候，同学们可以听音乐，参加体育锻炼，散步，下棋，聊天……在休息中，疲劳能够得到缓解，使我们产生积极向上、愉快的情绪。在休息结束后，我们只有带着愉悦的情绪重新投入学习，才能取得更好的学习效果。

（2）合理安排学习内容

把每天要复习的内容按难易程度有意穿插开，先复习一些有难度的内容，接着复习相对容易的内容。例如，先做不擅长的科目，后做擅长的科目，这样不会过于枯燥，有利于提高学习效率。

（3）改善学习环境

舒适的学习环境有利于提高学习效率。同学们可以根据自己的条件和喜好，尽量选择适合自己的学习环境，如光线适中、安静、整洁、桌椅舒适。

同学们，学习是我们当下最重要的任务。只有不断学习，我们才能充实自己的知识，提高自己的综合素质。当我们发现自己有厌学情绪时，一定要高度重视，找到厌学的原因，及时调整自己的状态，摆脱厌学情绪。在平时的学习中，要注意劳逸结合，寻求适合自己的学习策略，在舒适的学习环境中学习。

十、活动总结

①对活动过程进行总结，找出活动中出现的问题，并撰写反思报告。

②结合反思报告，调整活动方案。

十一、活动预算

根据具体实施情况对所要购买的物品做预算。

十二、注意事项

①引导学生找出自己厌学的具体原因，并激发学生克服厌学、愿意学习的动机。

②引导学生练习远离厌学情绪的方法。

③向学生强调按照实际情况完成厌学情绪问卷。

十三、附件

厌学情绪问卷

下面是一个测试你是否存在厌学情绪的问卷，共有 20 个题目。请你根据自己的实际情况如实作答。

题目	是	否
1. 我认为学习一点意思也没有。		
2. 我是迫于形势才不得不学习的。		
3. 我一学习就觉得没劲。		
4. 在现在的社会里，学习没什么用处。		
5. 我认为学习是件苦差事。		
6. 到学校去上学简直是件苦差事。		
7. 我学习只是为了父母。		
8. 我对学习没什么兴趣。		
9. 一上课，我就无精打采。		
10. 上课时老师讲的内容我总是似懂非懂。		
11. 我常常抄同学的作业。		
12. 我即使无事可做，也不愿学习。		
13. 我认为自己不是什么读书的料。		
14. 我上学只是为了消磨时光。		
15. 我上学经常迟到、早退。		
16. 我和老师的关系比较紧张。		
17. 我对影视明星、歌坛新秀、体坛名将、青春偶像等很感兴趣。		
18. 我上课时注意力不集中，常常走神。		
19. 我一拿起书本就感到头疼。		
20. 我上课时常常做一些与学习无关的事。		

合理规划，善用时间

一、活动主题

合理规划，善用时间。

二、活动背景

时间管理是为了提高时间的利用率和有效性，而对时间进行合理计划与控制、有效安排与运用的过程。时间管理并不是把所有事情都做完，而是为了更有效地运用时间。时间管理除了决定你该做什么事情之外，还决定什么事情不应该做；其最重要的功能是通过事先的规划对行为做出提醒与指引。

时间管理对学生来说非常重要。很多学生都没有时间管理的观念，没有自主管理时间的意识，不知道如何管理时间。这种情况是令人担忧的。如果在学生时期没有养成合理规划和管理时间的良好习惯，将会给之后的学习和工作带来负面影响。同时，时间管理能力会影响学生的学习成绩。时间管理习惯良好的学生能够合理安排学习时间，提高学习效率，从而取得良好的学习成绩。因此，培养学生的时间管理能力是非常重要的。

三、活动目标

①认知目标：了解时间管理的误区及策略。

②态度及情感目标：认识到时间的紧迫性，意识到时间的宝贵，学会珍惜时间。

③能力及问题解决目标：掌握管理时间的方法，并学以致用，提高学习效率。

四、活动时间

各学期均可。

五、活动地点

桌椅可灵活移动、配有多媒体设备的教室。

六、活动对象

初、高中及大学生。

七、活动形式

知识讲授、团体活动、小组讨论。

八、前期准备

①制作活动方案及相应的 PPT。

②准备活动的相关案例。

③准备关于时间的名言警句。

④准备纸条若干。

九、活动流程

(一)活动："我的一生"

同学们,从古至今有很多关于时间的名言警句,请大家思考一下有哪些,然后和你的同桌分享并记录下来,最后和全班同学分享。

(学生分享。)

同学们已经分享完了,现在请第二列的同学按照顺序和全班同学分享一句关于时间的名言警句,尽量不要重复。

(学生分享。在分享过程中,如果有学生的回答和前面的学生重复,可以请其他学生帮助回答。在学生分享结束后,教师在 PPT 上呈现事先准备好的名言警句。)

刚才大家一起分享了那么多名言警句,接下来,我们一起朗读。

(全班朗读。)

同学们,你浪费时间了吗?很多时候,我们都会听到周围的同学说,"时间不够用,怎么学都学不完""感觉没有做什么,时间就没有了""时间都去哪儿了"……

今天的活动就是要和大家一起探讨如何管理时间,如何在有限的时间里提高学习效率。

现在我们来做一个游戏——"我的一生"。

(教师一边讲解游戏规则,一边带领学生完成每一步。)

请同学们裁两个一样长的纸条,纸条的宽度为 1 厘米左右,将其中的一个纸条放在旁边备用,将另一个纸条对折 4 次,只留下 10 个格子,撕掉多余的格子,然后在格子里依次写上数字 1~10。

(学生完成。)

所有人都已经准备好了。现在请大家整理自己的思绪,认真对待接下来的活动。

这个纸条代表着我们的人生,每个格子代表 10 年,假设我们的人生有 100 年。

第一步，请把代表今天之前的时间的纸条撕掉，如你现在 10 岁，就撕掉 1 个格子，看看你还剩多少个格子。

第二步，假设我国的人均寿命是 76 岁，请你将 76 岁后面的 2 个格子撕掉。

第三步，请你把手中剩下的格子折成三等份，然后撕掉三分之二，因为其中有三之一的时间我们在睡觉，另外的三分之一时间我们花在了吃饭等事情上。

第四步，请你将手中剩下的纸条与你刚才准备的备用纸条比较长度。

现在请同学们好好思考，你对比了两个纸条之后有什么样的感受。看似长长的一生，现在变得这么短，有没有觉得时间紧迫呢？

（学生思考、交流、讨论，教师请学生代表和全班分享。）

很多同学现在意识到时间就这样悄悄流逝了。朱自清先生的散文《匆匆》中的一段文字形象地描述了时间的流逝："洗手的时候，日子从水盆里过去；吃饭的时候，日子从饭碗里过去；默默时，便从凝然的双眼前过去。天黑时，我躺在床上，他便伶伶俐俐地从我身上跨过，从我脚边飞去了。等我睁开眼和太阳再见，这算又溜走了一日。我掩着面叹息。但是新来的日子的影儿又开始在叹息里闪过了。"

时间就这样悄悄地溜走了。过去的时间就像手中的流沙，已经逝去，无法追回。我们能做的唯有把握当下。把握当下的一个很好的方法就是进行时间管理，合理规划有限的时间，做时间的主人。

（二）是谁偷走了时间

时间很公平，对任何人来说，一天都是 24 小时，所以谁浪费的时间少，谁就会多一些成功的机会。有些人一天工作十几小时，但工作和学习效率不高，因此浪费了很多时间；有些人的工作时间不长，但工作和学习效率高，因此节省了很多时间。

造成以上差别的主要原因就是时间管理能力的不同。很多人由于不会管理时间，在时间安排上存在很多误区，因此时间不知不觉就被浪费了。常见的时间管理误区主要有以下几种。请同学们结合实际情况看看自己是否存在这些误区。只有充分地了解自己，才能"对症下药"，管理好时间。

1. 没有计划导致浪费时间

我们先做一个小调查，请平时会制订学习计划的同学举手。

（学生举手。）

看来，很多同学都会制订学习计划。先不讨论同学们是否会严格执行，能够制订计划就值得表扬。

很多人因为没有计划而浪费了大量的时间，具体表现为：①做事情不周全，常常做了这件事情而忘了那件事情；②由于缺乏计划而做事拖沓，进度缓慢；③没有完成的事情越积越多，导致最后可能放任自己，甚至放弃学习。

不管平时多忙，都应该抽出时间来制订适合自己的学习计划，这样才能有效地利用时间，提高学习效率。

2. 不会拒绝导致浪费时间

同学们，下面有两种生活中的情景，请看一看。

情景一：你准备吃了晚饭到教室去做作业。这时，你的好朋友走过来跟你说："我想去散步，你吃了饭陪我去吧！"你不好意思拒绝，只好陪他去散步。你只能散步结束后才能去做作业，晚上 11 点多才完成。

情景二：下周就要期末考试了，你还有很多内容没有复习，想在周末的时候再系统地复习一遍。周末，你的好朋友约你去逛街，你不好意思拒绝，就陪他去了。结果，期末考试成绩很不理想。

（教师向学生描述两种情景，在描述的时候要尽量带着情景中人物的感情色彩。）

同学们，你在生活中有没有这样类似的经历？请你和同桌交流一下，说一说生活中出现的类似经历。

（学生交流、分享。）

在生活中，很多时候我们会由于不会拒绝而浪费时间。因此，我们要学会拒绝。①拒绝诱惑。在学习中，我们要学会拒绝某些诱惑，如玩乐。当没有完成学习任务时，我们要对"玩乐"说不。②拒绝不合理的要求。像刚才的两种情景，你要学会拒绝，否则会影响自己的时间安排。③合理拒绝他人。在拒绝他人时，要保持冷静、有理有据，友善地说明拒绝的原因。

3. 习惯性拖延导致浪费时间

很多人都有拖延的习惯，在学校中常见的表现就是在学习上不着急，老想着以后再学，等明天，等后天，一天天地往后拖。在拖延的同时，我们要完成的任务并不会变少，而是越积越多，这时我们就会紧张、焦虑，可能导致学习效率低下。

因此，我们要战胜拖延。①制订学习计划，督促自己尽量按时完成任务。在制订计划时，尽量根据自己的实际能力安排能够完成的任务，以免任务过难无法完成而导致拖延。②加强自律性。可以采用自我奖赏的方式，当自己完成一个任务时，就对自己进行奖励，通过奖励不断促使自己按时完成任务。

以上三个方面是我们在学习中常常会遇到的，我们必须进行时间管理，合理规划时间。

(三)时间管理的策略

我们在进行时间管理的时候要注意以下几个方面。

1. 遵循轻重缓急原则

时间管理首先要遵循的是轻重缓急原则。只有确定了事情的轻重缓急，才能确定正确的做事顺序，把有限的时间和精力集中到有价值的工作上。

"轻重"是按事务的重要程度划分的，重要的事情优先办，次要的事情靠后办。"缓急"是按事务的急迫性划分的，急事不能耽误，缓事可以从容地办。

时间管理四象限法可以充分地描述轻重缓急原则(见图5-1)。根据紧急性和重要性，我们将要做的事情划分到四个象限。第一象限是重要又紧急的事情，我们必须高度重视并立即去做，直到问题解决或任务完成，如同学晕倒了要立即送医，作业马上要交了就得立刻做完，家里水管裂了就得马上修理。第二象限是重要而不紧急的事情。这类事情虽然不紧急，但一般都需要下功夫、花大量精力去做，如自己的职业规划、毕业论文等，其完成往往需要规划时间，在规定时间内做完。第三象限就是紧急而不重要的事情。这类事情需要马上处理，但是因为其不重要，所以不必亲自完成，可以让他人去做。例如，室友没带钥匙，进不了门，而你正在教室复习功课，这时可以让他问问别的室友能否给他送去钥匙。第四象限是不重要也不紧急的事情，即平时用来打发时间的事情。在做这类事情时，先想一想如果不做这件事情会出现什么后果，若无关紧要，那就应该立即停止做这些事，以免浪费时间。

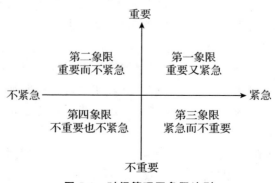

图 5-1　时间管理四象限法则

请同学们在自己的作业本上画出四象限图，试着将自己生活和学习中的事情进行分类，并将其填写到四个象限中。

（学生完成归类。）

同学们写好之后相互讨论，看看归类是否合理。

（学生交流、讨论。）

同学们在遇到需要完成的事情和任务时，可以试着对它们进行归类，按照轻重缓急原则来处理，避免手忙脚乱、做事拖沓的情况出现。

2. 善于应对干扰

在学习过程中，我们会遇到各种各样的干扰，突然来电话了、有人邀约出去玩、感觉身体有些不舒服……如果不能很好地应对，我们的时间安排就会被打乱。要想不被打扰，最重要的在于增强自我管理和调控能力。

首先，我们应该有自己做事情的原则，同时，在与人交往的过程中让他人知道你的生活方式和处事原则。人和人是需要相互尊重的。一般来说，人们在人际交往中都会尊重他人。只要坚持自己的原则，理解你的人就不会用你不愿意、不会做的事情来干扰你。

其次，找出学习干扰源。在学习中，常见的学习干扰源有手机、杂乱的学习环境……只有找到学习干扰源，才能在学习干扰源出现时提高警惕。

最后，理性应对干扰。①委婉拒绝外界的干扰，学会拒绝他人，不要有求必应。②事先阻断外界的干扰。例如，提前告知别人自己的工作时间和情况，让对方了解你的工作和生活方式，了解哪些事情你坚决不做；简洁、美化学习环境。

3. 善用时间管理工具

要做好时间管理，我们还需要使用适合自己的时间管理工具。目前，网络上有很多时间管理软件，其他时间管理工具有便笺纸、手账等。便笺纸可以随时记录容易被遗忘的事情，贴在醒目的地方可起到提醒的作用。手账是指用于记事的本子，我们可以将自己要做的事情记录在本子上，随时翻阅，起到时间管理的作用。

其实，这些时间管理工具很多同学都在用。请几位同学来和全班同学分享一下他们平时使用的时间管理工具。

（学生思考，教师请学生代表回答。）

同学们平时可以加强交流，分享自己的一些时间管理经验，相互学习，提高时间管理的效率。

4. 善用零碎时间

在时间管理的过程中，我们常常忽视零碎的时间，常常认为只有利用整段时间才能做好一件事情，这种想法是错误的。生活中有许多零碎的时间都被忽视了，这些时间虽短，但如果被充分利用，能够起到一定的作用。等车、等人、吃饭、课间的时间都是我们常忽略的零碎时间。利用这些时间我们可以做以下事情：思考下一步应该完成的事情，记几个单词，背几个公式、定律或原理等。

同学们可以好好思考一下自己的哪些零碎时间是可以被利用的。只有结合时间的长短，安排合理的任务，我们才能事半功倍，提高学习效率。

（四）活动结束

时间就是金钱，时间就是生命。希望通过今天的活动，同学们能够行动起来，学以致用，主动管理自己的时间。活在当下，抓住未来。把握当下和未来的时间，才能把握自己的命运。

在活动结束之际，老师给大家布置一个作业，每位同学制作一个零碎时间使用计划表，在计划表中将自己可以利用的零碎时间列出来，然后在每个时间后面列出相应的学习任务。

十、活动总结

①对活动过程进行总结，找出活动中出现的问题，并撰写反思报告。
②结合反思报告，调整活动方案。

十一、活动预算

根据具体实施情况对所要购买的物品做预算。

十二、注意事项

①活动过程遵守规则和纪律，积极参与活动。
②在活动的讨论分享环节，对成员的分享不予点评、积极接纳。

掌握记忆策略，解决记忆难题

一、活动主题

掌握记忆策略，解决记忆难题。

二、活动背景

记忆是对经验过的事物的识记、保持、再现和再认。人类所有的高级心理活动(思维、想象等)都以记忆为基础。记忆是人类学习知识的重要工具。知识是以记忆的方式在个体的头脑中组织和表征的,没有记忆,也就没有知识。记忆在我们的学习和生活中有着不可替代的作用。

学生要想取得理想的学习成绩,离不开有效的记忆。随着学习难度的增加,记忆量在不断增大,对记忆能力的要求也在不断提高。如果能够高效地记忆,学习就能事半功倍。

常常有很多学生会感到学习很辛苦,每天花大量时间来记忆所学的知识,但是记忆效果并不理想。时间长了,有的学生会怀疑自己的能力,对自己失去自信;有的学生会觉得自己的努力是没有用的,从而产生厌学情绪,甚至放弃学习。其实,记忆效果不理想并非学生本身的能力问题,而是学生不知道高效记忆的策略,没有找到适合自己的记忆策略。因此,教师应该引导和帮助学生掌握记忆规律,找到适合自己的记忆策略,帮助他们取得理想的学习成绩。

三、活动目标

①认知目标:认识到记忆效果不佳是因为没有运用有效的记忆策略,理解艾宾浩斯的遗忘规律。

②态度及情感目标:培养在学习中使用学习策略,找到适合自己的学习策略的主动意识。

③能力及问题解决目标:运用有效的记忆策略,提高记忆效率。

四、活动时间

各学期均可。

五、活动地点

桌椅可灵活移动、配有多媒体设备的教室。

六、活动对象

初、高中及大学生。

七、活动形式

视频赏析、知识讲授、实践练习。

八、前期准备

①制订活动方案及制作相应的 PPT。
②准备活动的相关视频和音乐。

九、活动流程

(一)活动导入

从古至今，许多成功人士都具有记忆力非凡的特点。军事家、政治家拿破仑能够记住安置在法国海岸的大炮的种类和位置，如果部下记错了，他会随时纠正；思想家亚里士多德几乎能够把所看过的书都背诵出来；指挥家托斯卡尼尼指挥整个交响曲可以不用乐谱，完全凭记忆来指挥。可见，具有良好的记忆力是一个人取得成功的基本素养之一。

同学们，你的记忆力怎么样？如果给自己的记忆力打分，1 是非常差，10 是非常好，你会打几分？

(学生回答。)

同学们对自己的记忆力都有些不自信，大部分同学都不太满意自己的记忆力。其实，老师也不太满意自己的记忆力，常常记不住学习和工作上的事情。每当记不住事情的时候，老师就会想起动画片里有关"记忆面包"的片段。让我们来重温这个片段。

(播放视频。)

视频看完了，同学们想不想拥有这样的"记忆面包"？

(学生回答。)

是的，大家都想拥有"记忆面包"。老师也常常想，如果真的有"记忆面包"就好了。但是，这只是动画片，"记忆面包"只能停留在我们美好的愿望中。虽然我们吃不到"记忆面包"，但是能够通过一些方法来提高记忆效果。今天我们就一起来了解怎样提高记忆效果。

(二)要有明确的记忆目的

肖老师是某中学一班、二班的语文老师，他在下课时给两个班级的学生都布置了背诵课文的作业。两个班的语文水平相当。在一班，肖老师跟同学们说："请大家回家背诵第四课的课文，明天早读的时候我会抽查。"在二班，肖老师跟同学们说："请大家回家背诵第四课的课文。"第二天早读的时候，肖老师抽查课文背诵情况。结果发现，一班的学生基本都能较好地背诵课文，而二班的学生大部分都不能背诵。

请大家思考，为什么一班和二班的背诵效果会有这么大的差异。

(学生讨论、交流，教师请几位学生代表回答。)

有的同学刚才说，可能一班的语文成绩本来就比二班好，可能一班的学生记忆能力更强；也有的同学说，因为老师说了要检查一班的背诵情况，而没有说要检查二班的背诵情况。

是的，一班的背诵成绩比二班好的真正原因就是一班的学生是带着明确的记忆目的去背诵课文的，即"明天早读要接受老师的检查"。

从这个例子中我们可以看出，在记忆的时候有明确的记忆目的是非常重要的。下面我们一起来做一个有趣的小测试。

电梯管理员把门关上，除了管理员和你之外，还有 12 个人在电梯里。以下是电梯在一次运行过程中每次停下时的出入人数记录，请大家算算电梯运行停止后还有几个人留在电梯里。

出 2 人，入 3 人。

出 3 人，入 4 人。

出 8 人，入 6 人。

出 4 人，入 3 人。

出 6 人，入 12 人。

出 7 人，入 4 人。

（在念完题目后，教师给出真正的题目）请问电梯在运行过程中总共停了几次？

（绝大部分同学都不能正确回答，因为他们大多只留意了每次出入的人数，而没有留意电梯停的次数。）

这下子可考住你了吧！你只顾记住出入电梯的人数，而没有注意到简单的停梯次数。可见，再简单的问题，当你没有留意时，也会变得很困难。相反，再复杂的问题，只要有意识地采取适当的方法去记忆，就能够取得好的记忆效果。这也告诉我们，要想记住内容，我们必须有目的地去记忆。

明确的记忆目的能够督促我们按照要求完成记忆任务。很多时候，老师会提出明确的记忆目的，同学们按照老师的要求认真复习。但这是外在的力量，我们更多要依靠自己。在学习中，同学们应该养成提出明确的记忆目的的习惯。在学习中，只有带着目的去记忆，才能取得较好的记忆效果。

如何才能提出明确的记忆目的呢？请同学们相互讨论，交流一下这方面的经验。讨论后请几位同学和大家分享。

（学生讨论，教师请学生代表分享。）

明确记忆目的的最好方法就是制订学习计划。老师在每个学期都会要求同学们做学期计划，很多同学都会规划本学期期末要完成的学习目标。但是这样的计划过于笼统，并不利于督促学习。在制订计划时，同学们要尽量细化，最好能够制订周计划、月计划和学期计划。在平时要养成随时将当天的学习目的记在笔记本上的习惯，在每天晚上完成学习任务后，通过查看自己的记录来督促自己完成学习任务，提高记忆效果。

做计划的方式不定，同学们可以根据自己的习惯来做，可以是表格，可以是图画，也可以是清单，还可以是思维导图。只要是适合自己的计划就是最好的。

(三)掌握艾宾浩斯的遗忘规律

我们在日常学习中常会出现这样的情况：刚学习过的内容，很快就不记得了，我们就会抱怨"我的记性真差，总是记不住"……这是为什么？难道我们的记性真的很差吗？当然不是。如果我们知道了艾宾浩斯的遗忘规律，就不会抱怨是自己的记忆力不好了。

心理学家艾宾浩斯通过实验发现并绘制了遗忘曲线(通过 PPT 呈现)，指出遗忘是有规律的：在学习结束的初期，遗忘速度最快，如果不加以复习，会忘记当天学习的大部分材料；之后，随着时间的推移，遗忘的速度会逐渐变慢，时间久了，就几乎不会遗忘了。

(教师结合遗忘曲线进行说明。)

请同学们思考，同桌相互讨论、交流：根据遗忘规律，你觉得怎样才能提高记忆效果？

(学生代表分享。)

同学们基本掌握了遗忘规律，知道克服遗忘最好的方法就是复习。在复习的过程中，同学们要做到以下两点。

1. 及时复习

在学习新知识之后，应该及时复习。及时复习能够有效减少遗忘。孔子曾说"学而时习之"，就是提醒我们学习之后应该加以复习。所以，同学们都应该养成复习的习惯，以便较好地巩固新知识。

2. 分段复习

除了及时复习之外，我们还要养成分段复习的好习惯。随着所学的知识不断增多，我们在巩固新知识的同时，还应该不断复习旧知识。根据艾宾浩斯的遗忘曲线，我们会发现，在一定范围内，时间越长，忘的东西越多。因此，在复习时，我们可以做到半周一次、一周一次、半个月一次、一个月一次……在不同的时段对旧知识加以巩固，这样坚持下来，在一个学期结束时，我们就不需要重新开始复习，只要简单地温习一下，就可以取得良好的记忆效果。

（四）发挥联想记忆佳

同学们，现在给大家布置一个记忆任务，老师会在 PPT 上呈现 10 个词语，记忆时间为 1 分钟，请大家 1 分钟后回忆这些词语。（用 PPT 呈现需要记忆的 10 个词语：纷纷扬扬、身材矮小、没穿袜子、端茶送饭、满脸皱纹、极度疲劳、安慰老人、又冷又怕、潸然泪下、几乎冻僵。）

（学生分享。请进行复述的学生说明自己是采用什么方法来记忆的。）

在刚才分享的同学中，有死记硬背的，有对词语进行分类的……不同的方法会带来不同的记忆效果。对记忆材料进行加工的同学比死记硬背的同学记忆的数量会多一些，也会记得牢固一些。

老师给大家推荐一种记忆方法——联想记忆，是指利用事物之间的联系发挥想象进行记忆。常用的联想记忆法主要有编故事法、谐音法。

1. 编故事法

刚才记忆的 10 个词语之间有什么联系？

我们一起来看看，纷纷扬扬是描写环境的词语，身材矮小、没穿袜子、满脸皱纹、极度疲劳、几乎冻僵、又冷又怕、潸然泪下是描写受助者的词语，端茶送饭、安慰老人是描写助人者的词语。

通过分析这 10 个词语的联系，我们可以编一个故事，将这 10 个词语串在故事里。

（用 PPT 呈现通过联想编出来的故事：一个寒冷的冬天，雪花纷纷扬扬地飘洒下来，一位身材矮小的老人没穿袜子，好心的女店主为老人端茶送饭。她看见老人满脸皱纹、极度疲劳的样子，感到十分难过，一遍遍安慰老人。这个几乎冻僵的老人，在长时间的流浪中又冷又怕。面对突如其来的温暖，他潸然泪下。）

在联想记忆的时候，同学们不用考虑逻辑性和合理性，只要能够帮助自己提高记忆效果就可以。

接下来，老师给出一组词语，大家试着用联想记忆法来记忆。

（用 PPT 呈现需要记忆的词语：裤子、牛肉、电脑、手机、大象、天平、烤肉架、计算机、木头、花生。学生进行联想记忆。教师邀请几位学生分享他们的联想方法。）

硬生生地将毫无关系的知识塞入大脑袋，只会让人感到吃力。相反，如果我们能找出知识之间的关系，把它们连起来，机械式的反复背诵就会变成有意义、有组织的学习，知识也会从短期记忆进入长期记忆，记忆就会变得生动有趣。

2. 谐音法

除了事物之间逻辑上的联系，我们还可以利用记忆材料在读音上的联系来帮助记忆。这种方法就是谐音法，是指通过相同或相似文字的发音的变换达到记忆的目的。谐音越形象、越新奇，越能帮助我们记忆。我们来看几个例子。

①利用谐音法记住四书的名称：《孟子》《论语》《大学》《中庸》。

联想谐音："猛抢大钟"。

②利用谐音法记住八国联军有哪些国家：俄国、德国、法国、美国、日本、奥匈帝国、意大利、英国。

联想谐音："饿的话每日熬一鹰"。

③利用谐音法记住战国七雄：齐、楚、韩、燕、赵、魏、秦。

联想谐音："七叔含烟找围巾"。

接下来，老师给大家出几个题目，大家试试用谐音法提高记忆效果。

（教师在 PPT 上呈现题目，在学生讨论、分享结束后再呈现答案。）

①李渊于公元 618 年建立唐朝。

联想谐音："李渊见糖（建唐）搂一把（618）"。

②中日甲午战争爆发于 1894 年。

联想谐音："一拔就死"。

③中日《马关条约》于 1895 年签订。

联想谐音："马关的花生——一扒就捂"。

（学生自由发挥。对于每个题目，教师邀请几位学生与全班分享。）

（五）音乐记忆法

音乐能够改变人的脑电波。在舒畅和谐的音乐中，人在记忆时会变得轻松和高效。

音乐可以用在我们对古诗词的学习过程中。接下来，我们欣赏歌曲《蜀道难》。

（学生欣赏。）

其实，很多古诗都是可以"唱"出来的，你可以尝试用自己熟悉的某首歌的曲子唱出古诗。平时，我们应该都听过一些这样的古诗词。同桌之间先分享一下，有哪些这样的古诗词。

（学生分享。教师邀请 1～2 位学生为全班同学演唱。）

（教师给学生提示，请学生课后在网上搜索相关音乐来欣赏。）

（六）活动结束

通过今天的活动，我们知道了在学习前要有明确的记忆目的，这样才能有效提高记忆效果；记忆要结合它自身的遗忘规律，不断和遗忘做斗争，将及时复习和分段复习有效结合起来；在记忆的时候，要充分发挥我们的想象力和创造力，通过联想来减轻记忆压力；在记忆古诗词时，我们也可以利用音乐来记忆，既培养了审美能力，也巩固了学习效果。

当然，就这一次活动还不能有效提高我们的记忆。同学们要在这些方法中选择适合自己的方法，在学习过程中充分练习和使用。大家还可以在这些方法的基础上，创造自己独特的记忆方法，通过提高记忆效果帮助自己取得理想的学习成绩。

十、活动总结

①对活动过程进行总结，找出活动中出现的问题，并撰写反思报告。

②结合反思报告，调整活动方案。

十一、活动预算

根据具体实施情况对所要购买的物品做预算。

十二、注意事项

引导学生通过课堂练习来实践不同的记忆方法，加强学生对这些方法的理解。

第六章　职业指导与规划

认清职业兴趣，做好职业规划

一、活动主题

认清职业兴趣，做好职业规划。

二、活动背景

随着社会的发展，职业划分越来越细化，各个工作岗位的入职要求差异也越来越明显，这就要求入职者具有和该工作相匹配的职业兴趣。只有当职业和入职者的职业兴趣相匹配时，个体的潜能才能得到发挥，个体才能取得好的工作业绩，否则可能会影响个体的发展。

高中生和大学生处于自我同一性形成和建立的阶段。在这一阶段，随着自我同一性的建立，学生会对自身的人格特质有比较清晰的了解。结合自身的人格特征，了解自身的职业兴趣，对于他们进行职业规划、确定适合自己的职业方向是非常重要的。如果能够在了解自身职业兴趣的基础上做出正确的职业选择，将有利于学生的终身规划和发展。

三、活动目标

①认知目标：了解职业兴趣的种类及每种职业兴趣所对应的职业。

②态度及情感目标：重视根据职业兴趣选择和确定职业方向的重要性。

③能力及问题解决目标：明确自己的职业兴趣，初步确定职业意向。

四、活动时间

高中及大学一、二、三年级的第一学期。

五、活动地点

桌椅可灵活移动、配有多媒体设备的教室。

六、活动对象

高中生、大学生。

七、活动形式

知识讲授、职业兴趣测试。

八、前期准备

①制订活动方案及制作相应的 PPT。

②准备霍兰德职业兴趣测试，每人一份。

③准备霍兰德职业兴趣测试结果与职业匹配对照表，每人一份。

九、活动流程

(一)活动导入

同学们，你未来想从事什么职业？

（学生思考，然后学生代表进行分享。）

看来，绝大部分同学都有自己想要从事的职业，这是一个好的现象，说明大家对自己的未来进行了思考和规划。也有部分同学比较困惑，没有想清楚自己究竟要干什么，这就需要尽早确定自己的职业兴趣。

同学们，你是根据什么来确定你想从事的职业的？

（学生回答。）

很多同学都是因为感觉自己喜欢这个职业，所以想从事这个职业。你喜欢的职业是否就是适合你的？其实，我们不能单纯根据自己的喜好和感觉来确定自己适合的职业。职业的选择要基于自己的人格特质。

霍兰德教授认为，人格类型与职业兴趣有密切的关系。职业兴趣是人们工作的巨大动力。符合个体职业兴趣的职业，可以增强人们的工作积极性，提高工作效率，反之则会降低工作效率，带来焦虑等负性情绪。可见，同学们都应该结合自己的人格特质来确定职业兴趣和适合的职业。

结合多年对职业规划的研究经验，霍兰德教授编制了霍兰德职业兴趣测试，并结合测试结果，提出了 RIASEC（Realistic，Investigative，Artistic，Social，Enterprising，Conventional)模型，认为职业兴趣可以分为现实型、研究型、艺术型、社会型、企业型和常规型六种。

接下来，我们就一起来完成霍兰德职业兴趣测试，了解自己的职业兴趣。

(二)测试与结果分析

1. 测试与计分

(教师给每位学生发放霍兰德职业兴趣测试,内容见附件。)

请每位同学拿到测试后,首先阅读指导语。请大家注意在回答每个题目时不用思考过多,按照自己的第一感觉作答。答案并没有对错之分,只是帮助大家了解自己真实的职业兴趣,帮助大家确定适合自己的职业。

(学生完成测试。学生完成测试后,教师向学生讲解计分方式,学生计算得分。)

2. 职业兴趣分析

同学们现在已经将自己的得分计算出来了,现在请大家看一看自己在每种职业兴趣类型上的得分,找出得分排名前三位的类型。得分最高的那一种类型就是你典型的职业兴趣,也就是最适合你的职业方向。从事这一类型的工作有利于发挥你的才能,使你更容易取得理想的工作效果。

同时,霍兰德教授也指出,大多数人的职业兴趣并非只有一种,可能是2~3种职业兴趣的组合。在排名前三的类型中,排名第一的是你的典型的职业兴趣,另外两种则是你在选择职业时要综合考虑的职业兴趣。最终,你的职业兴趣由排名前三的职业兴趣类型组成。按照得分由高到低的顺序,将每种类型的大写首字母组合在一起,就可以得到自己的综合职业兴趣类型,如 RCA、RIE、AIS 等。请同学们根据得分确定自己的综合职业兴趣类型。

(学生相互分享自己的综合职业兴趣类型。)

如果你的前三种职业兴趣类型的冲突性越弱、相容性越强,则表明你在择业时面临的冲突会越少;反之,则表明你在择业时面临的冲突会越多。

(三)六种职业兴趣类型分析

有相同职业兴趣类型的个体都具有一些共同特征,也都有适宜的职业。老师就带大家一一了解。

(在介绍每种职业兴趣时,先呈现该类型典型职业的有关图片,请学生猜测是什么职业,再讲授其对应的性格特征和适宜的职业。)

1. 现实型

厨师属于现实型职业。

性格特征:一般具有坦率、谦虚、自然、有礼貌、害羞、节俭等特征,爱劳动,机械操作能力较强。

适宜的职业：从事对人际交往要求不高的技术性工作，如电工、工程师、机械操作人员等。

2. 研究型

医生属于研究型职业。

性格特征：一般具有谨慎、批判、好奇、独立、做事有条理、理性等特征，有较强的逻辑思维能力和科学探究精神。

适宜的职业：从事对思维和创造能力要求较高、对社交能力要求不高的工作，如地质学家、考古学家、计算机编程人员、科研工作者等。

3. 艺术型

服装设计师属于艺术型职业。

性格特征：一般具有想象力、冲动、独立、创造性、不顺从、不重实际、理想化、美感等特征。

适宜的职业：从事具有艺术性、需要直觉独创性的工作，如作家、音乐工作者、画家、设计师、演员、诗人等。

4. 社会型

教师属于社会型职业。

性格特征：一般具有合作性、友善、善于人际交往、喜欢与人接触、富有洞察力、乐于助人等特征。

适宜的职业：从事需要较强沟通能力的工作，如教师、心理咨询师、辅导员等。

5. 企业型

企业经理属于企业型职业。

性格特征：一般具有冒险性强、有野心、独断、冲动、乐观自信、精力充沛、善于人际交往等特征。

适宜的职业：从事需要管理、督导的工作，如企业家、企业经理、政治家、推销人员、律师、导游等。

6. 常规型

银行柜台工作人员属于常规型职业。

性格特征：一般具有谨慎、原则性强、坚毅、稳重、讲实际、注意细节等特征。

适宜的职业：从事需要关注细节、精确性高的工作，如会计、秘书、财务专员、银行职员、统计人员等。

(四)测试结果与职业匹配分析

现在同学们了解了六种职业兴趣类型从业人员的性格特征和适宜的职业。接下来老师将给每位同学发一份霍兰德职业兴趣测试结果与职业匹配对照表，请同学们将测试得分排名第一的职业兴趣类型与每种职业类型对应，看是否与自己匹配。

(教师分发霍兰德职业兴趣测试结果与职业匹配对照表，学生分析。)

刚才大家在分析结果时，已经得到了自己的综合职业兴趣。请大家在对照表中找到自己对应的类型，看看对应的职业，然后和你的同桌分享、交流，谈一谈你对这些职业的看法。

(学生交流、讨论。)

讨论结束，我请几位同学来和大家分享他们的职业兴趣类型和适宜职业。

(教师请学生代表分享。)

通过霍兰德职业兴趣测试，同学们对自己适宜的职业有了初步的了解。可能这些职业正是你喜欢的，也可能是你不喜欢的。随着知识的不断积累，我们的职业兴趣也可能会发生变化。不管今天的测试结果如何，希望大家都要正确面对。希望每位同学经过努力，都能收获美好的明天!

十、活动总结

①对活动过程进行总结，找出活动中出现的问题，并撰写反思报告。

②结合反思报告，调整活动方案。

十一、活动预算

根据具体实施情况对所要购买的物品做预算。

十二、注意事项

①注意维持课堂秩序。

②提醒学生认真完成测试，在完成过程中切忌讨论、交流。

十三、附件

霍兰德职业兴趣测试

个体的人格特质与职业有着密切的关系，不同人格特征的个体适合从事不同的职业，有不同的职业兴趣。本测试有助于被试了解自己的人格特征，确定自己的职业兴趣，选择适合自己的职业发展方向。请根据第一印象作答，如果选择"是"，请打"√"，否则请打"×"。答案没有对错之分，答题过程中不要过多思考和犹豫。

题目	是	否
1. 我喜欢把一件事情做完后再做另一件事。		
2. 在工作中我喜欢独自筹划，不愿受别人干扰。		
3. 在集体讨论中，我往往保持沉默。		
4. 我喜欢做戏剧、音乐、歌舞、新闻采访等方面的工作。		
5. 每次写信我都一挥而就，不再重复。		
6. 我经常不停地思考某一问题，直到想出正确的答案。		
7. 对别人借我的和我借别人的东西，我都能记得很清楚。		
8. 我喜欢抽象的工作，不喜欢动手的工作。		
9. 我喜欢成为人们注意的焦点。		
10. 我喜欢不时地夸耀一下自己取得的成就。		
11. 我很渴望有机会参加探险。		
12. 当我一个人独处时，会感到更愉快。		
13. 我喜欢在做事情前对其做出细致的安排。		
14. 我讨厌修理自行车、电器一类的工作。		
15. 我喜欢参加各种各样的聚会。		
16. 我愿意从事虽然工资少但是比较稳定的职业。		
17. 音乐能使我陶醉。		
18. 我办事很少思前想后。		
19. 我做事情喜欢经常请示上级。		
20. 相比于普通游戏，我喜欢需要运用智力的游戏。		
21. 我很难做那种需要持续集中注意力的工作。		
22. 我喜欢亲自动手制作一些东西，从中得到乐趣。		
23. 我的动手能力很差。		
24. 和不熟悉的人交谈对我来说毫不困难。		
25. 和别人谈判时，我总是很容易放弃自己的观点。		
26. 我很容易结识同性朋友。		

续表

题目	是	否
27. 对于社会问题，我通常持中立的态度。		
28. 当开始做一件事情后，即使碰到再多的困难，我也要执着地做下去。		
29. 我是一个沉静而不易动感情的人。		
30. 当我做事时，我喜欢避免干扰。		
31. 我的理想是当一名科学家。		
32. 与言情小说相比，我更喜欢推理小说。		
33. 有些人太霸道，有时明明知道他们是对的，也要和他们对着干。		
34. 我爱幻想。		
35. 我总是主动地向别人提出自己的建议。		
36. 我喜欢使用钳子、螺丝刀、榔头一类的工具。		
37. 我乐于助人。		
38. 我比赛或玩游戏时，爱与别人打赌。		
39. 我喜欢按部就班地完成要做的工作。		
40. 如果参加工作，我希望能经常换不同的工作来做。		
41. 与朋友约好了见面，我总留有充裕的时间去赴约，以免迟到。		
42. 我喜欢阅读自然科学方面的书籍和杂志。		
43. 如果掌握一门精湛的手艺并能以此为生，我会感到很满意。		
44. 我对汽车司机、汽车修理工的职业比较感兴趣。		
45. 别人谈"家中被盗"一类的事，很难引起我的同情。		
46. 如果待遇相同，我宁愿当商品推销员，而不愿当图书管理员。		
47. 我讨厌跟各类机械打交道。		
48. 我小时候经常把玩具拆开，把里面看个究竟。		
49. 当接受新任务后，我喜欢以自己的独特方法去完成它。		
50. 我有文艺方面的天赋。		
51. 我喜欢把一切安排得整整齐齐、井井有条。		
52. 我喜欢当一名教师。		
53. 和一群人在一起的时候，我总想不出恰当的话来说。		
54. 看情感影片时，我常禁不住眼圈红润。		

题目	是	否
55. 我讨厌学数学。		
56. 在实验室里独自做实验会令我感到非常无聊。		
57. 对于急躁、爱发脾气的人，我仍能以礼相待。		
58. 遇到难解答的问题时，我常常放弃，改做下一题。		
59. 我是一个勤劳踏实的、愿为大家服务的人，这是大家公认的。		
60. 我喜欢做人事管理类的工作。		

寻找职业锚，确定职业方向

一、活动主题

寻找职业锚，确定职业方向。

二、活动背景

职业规划可以帮助青少年发掘自身的潜能，找到适合自己的职业。职业规划一般分为五个步骤：第一，认识自我；第二，认识环境；第三，职业定位；第四，制订计划与措施；第五，反馈与调整。在清晰地了解自我并认识到职业环境后，应该进行职业定位。在前期的活动中，学生已经做了自我分析和职业认知，接下来就该进行职业定位了。

职业定位是指根据自己的爱好、特长、能力及个性等确定适合自己的工作岗位。在就业过程中，首先应该对自己进行准确的定位，如果定位错误或者偏差较大，则可能会遭遇职业挫折和失败。

职业锚是指个体选择和发展自己的职业时所围绕的中心。如果确定了职业锚，那么个人围绕其选择的工作岗位一般都会比较适合自己。

三、活动目标

①认知目标：了解职业锚的含义及类型。

②态度及情感目标：重视职业锚测试，认同职业锚在就业过程中的意义。

③能力及问题解决目标：通过职业锚测试，了解自身的职业锚的类型。

四、活动时间

各学期均可。

五、活动地点

桌椅可灵活移动、配有多媒体设备的教室。

七、活动对象

高中生、大学生。

七、活动形式

知识讲授、案例分析、职业锚测试。

八、前期准备

①制订活动方案及制作相应的 PPT。

②准备职业锚测试，每人一份。

③准备活动分享案例。

④准备活动的相关物品。

九、活动流程

(一)活动导入

同学们，活动开始了，我们先来玩"击鼓传花"游戏。

老师会播放一段音乐，同学们随着音乐按照"Z"字形传花球。当音乐停止的时候停止传动，花球在哪位同学手里，哪位同学就回答问题。

(游戏进行 3～4 轮。)

你觉得自己适合从事什么工作？

(了解学生的职业定位情况，并对学生回答的情况进行总结。)

有的同学已经思考过这个问题，有的同学还没有思考过这个问题。思考过的同学应该反思一下：你认为的适合你的职业的确适合你吗？没有想过的同学应该明白：确定适合什么样的职业是进行职业规划必须要做的事情，是无法回避的。

今天的活动就是要帮助大家确定自己的职业锚。

(二)什么是职业锚

同学们知道什么是锚吗？

(学生回答。)

锚是船只在停泊时定位用的设备，一端用铁链固定在船上，另一端呈倒钩爪形。需要停泊船只时，将倒钩爪形的一端抛到水底或岸上，就能够稳定船体。

职业锚是个体选择和发展自己的职业时所围绕的中心。如果把我们的职业生涯比喻为一艘船，职业锚就起固定这艘船的作用。个人一旦确定了自己的职业锚，就确定了自己就业的基本类型和范围，之后在决定职业时都会围绕职业锚做出选择。

职业锚是个人能力、动机和价值观相互作用和整合形成的，会影响我们对职业的选择以及对正在从事的职业的认知。我们来看一个故事，故事中的人从事着同样的工作，但是却有不同的认知。

有一名记者到某个建筑工地进行采访。他看到年轻人 A 正在砌砖，便走过去问他："先生，你在做什么？"A 回答："我在砌砖。在这么大的太阳底下干活，真叫人受不了。"记者不再打扰他，便走到另一处去，采访了另一个正在砌砖的年轻人 B："先生，你在做什么？"B 回答："我在建房子，每个家庭都需要有一套舒适的房子！"记者又看见第三个年轻人 C 在砌砖，于是问他："先生，你在做什么？"C 的脸上挂着笑容，说道："我正在建一座美丽的城市！"十年之后，A 还在砌砖，B 坐在办公室里绘制蓝图，C 成了建筑企业的高级管理人员。

请同学们谈谈听了这个故事后的感想。

（学生思考，教师请学生回答。）

故事中的三个人对同一份工作有着不同的动机和价值观，这都源于他们的职业锚。最终，他们在职业生涯中收获了不同的结果。

要了解自己的职业锚，就要先了解自己的能力、动机和价值观。通过本次活动，同学们对自我已经有了比较清晰的了解，对自己未来的发展方向已经比较明确，并且能在现有情况下确定自己的职业锚，为自己的职业规划确定基本方向。

（三）职业锚测试

每位同学都将得到一份职业锚测试（见附件）。大家先将测试简单浏览一下，听老师讲解了测试中的注意事项之后再作答。

（分发职业锚测试。）

请大家先看一看，测试共 40 个题目。每个题目后有 6 个选项，分别为"从不、偶尔、有时、经常、频繁、总是"。作答时，不用过多思考，在符合自己真实想法的相应选项下面打"√"即可。

（学生完成职业锚测试。）

计分方式："从不、偶尔、有时、经常、频繁、总是"分别计 1、2、3、4、5、6 分。在所有题目确定计分后，选择出得分最高的三个（如果有多个得分最高且相同的题目，则从中挑选出最符合自己想法的三个）。挑选出的三个题目的最终得分（总分），均需要在实际得分的基础上加上 4 分。例如，第 1 题的实际得分为 6，则该题的总分为 6 加 4，即 10 分，其余题目均按照实际得分计算总分。将每题的得分填入职业锚测试评分表中（见表 6-1）。

表 6-1 职业锚测试评分表

得分	职能型		管理型		独立型		稳定型		创业型		服务型		挑战型		生活型	
小题得分	1		2		3		4		5		6		7		8	
	9		10		11		12		13		14		15		16	
	17		18		19		20		21		22		23		24	
	25		26		27		28		29		30		31		32	
	33		31		35		36		37		38		39		40	
总分																

填完后，请将每列的得分进行累加，计算出每列的总分。你的职业锚属于得分最高列所对应的类型。

（学生统计自己的得分情况，根据最终得分确定自己的职业锚类型。）

同学们都知道了自己的职业锚类型，接下来我们就一一来了解职业锚的八种类型。

1. 职能型

这种类型的人的性格多中性或趋于内向，凡事能静下心来思考直至问题得到解决。他们不愿意选择那些带有管理性质的职业，倾向于选择那些能够保证自己在既定的技术或功能领域中不断发展的职业。从专业来讲，理工类学生居多。

职能型的人具有以下特点。①热爱自己的专业技术，注重个人专业技能的发展，一般从事工程技术、财务分析、系统分析、企业计划等工作。②拒绝全面管理工作。他们一般不喜欢全面管理工作，认为管理工作是一个不能让他们施展专业技术的工种，有强烈的抵制管理工作的念头，单纯的管理职位不会吸引他们。③这类人主要的成长是专业技能不断提高。成功意味着专业技能得到领域内专家的认可，以及承担和专业技能有关的富有挑战性的工作。

2. 管理型

这种类型的人精力充沛，喜欢富有挑战性和压力的工作。他们追求并致力于岗位晋升，倾向于全面管理，独自负责一个部分，可以跨部门整合其他人的努力成果，并将公司的成功与否看成自己的工作。如果他们目前从事的是技术型工作，会将其看作积累经验的过程，看作通向更高管理层的必经之路。

3. 独立型

这种类型的人喜欢按照自己的方式生活和工作，独立思考，独立解决问题，不太喜欢参加集体活动。他们宁可放弃升职加薪的机会，也不愿意放弃自己的独立自主性。为了拥有更大程度的独立自主性，他们可能会选择创业，但其创业动机和创业型职业锚的人不同。

4. 稳定型

这种类型的人追求的是稳定的或终身雇佣的职位，重视长期的职业稳定和工作保障，不喜欢频繁地调换工作。他们对组织的忠诚度很高，一般都选择服从组织分配，倾向于根据组织对他们提出的要求行事，力图寻求稳定的职业、收入和前途，对升迁并不太关心。

5. 创业型

这种类型的人始终坚持凭借自己的能力和冒险愿望，创立属于自己的公司或组织。他们不愿到一个稳定的企业上班，在就业时也不急于找工作，而是努力创业，创造属于自己的东西。有的人最初会选择在某一组织中为他人工作，但他们会将其视为积累经验的机会，一旦时机成熟，就会尽快开始创业。他们适合有挑战性、创新性的工作。

6. 服务型

这种类型的人坚持做一些对他人和社会有价值的事情，希望职业能够体现个人价值观，他们的职业决策通常基于能让世界变得更加美好。他们在工作中追求自己认可的核心价值，如帮助他人、改善人际关系、改善环境等。即使更换工作单位，他们也不会放弃对服务他人的工作机会的追求。他们会拒绝使他们离开服务型职业的工作变动。他们适合从事具有明显社会意义的工作，希望得到他人的认可。

7. 挑战型

这种类型的人认为他们可以征服任何事情或任何人，并将成功定义为"克服不可能的障碍，解决不可能解决的，或战胜非常强硬的对手"。对他们而言，职业的意义在于战胜不可能的挑战。他们适合有难度、能够不断挑战自我的工作。

8. 生活型

这种类型的人在工作的同时始终尝试平衡个人需要、家庭需要和职业需要，希望将生活的主要方面整合为一个整体，希望工作能够有足够的弹性让他们实现这一目标。为了追求个人、家庭和职业的整合，他们可以牺牲职业的一些方面，如岗位晋升。他们在处理生活、工作上是与众不同的，强调工作和家庭的和谐，适合从事工作时间相对灵活的职业。

以上介绍了八种职业锚类型的人。同学们在听的过程中都重点关注了自己的职业锚。但是要提醒大家一点：职业锚并非不变的，而是与你的工作经历相互作用，在实际的工作过程中不断得到调整的。

今天的职业锚是大家在结合自我认知、能力和价值观的基础上得到的，以后大家在工作中可能会随着工作经验的积累而适当调整职业锚。所以，要理性看待自己的职业锚，不要被今天的测试结果束缚。

(四)活动结束

通过今天的活动，大家知道了自己现在的职业锚。明确了这一点，在升学过程中就应该围绕你的职业锚来选择学校和专业，在求职工作中就应该围绕你的职业锚来选择工作岗位。希望每位同学都能做出适合自己的职业规划，拥有美好的人生！

十、活动总结

①对活动过程进行总结，找出活动中出现的问题，并撰写反思报告。
②结合反思报告，调整活动方案。

十一、活动预算

根据具体实施情况对所要购买的物品做预算。

十二、注意事项

①在职业锚测试过程中，保持安静的测评环境。
②引导学生按照第一想法完成测评。

十三、附件

职业锚测试

该测试共40个题目，每个题目进行6点评分，分别为"从不、偶尔、有时、经常、频繁、总是"。请根据实际情况进行选择。作答时，不用过多思考，第一时间在符合你的真实想法的选项上打"√"即可。

题目	从不	偶尔	有时	经常	频繁	总是
1. 我希望做我擅长的工作，这样我的专业建议可以不断被采纳。						
2. 当我整合并管理其他人的工作时，我非常有成就感。						
3. 我希望我的工作能让我用自己的方式、按自己的计划去开展。						
4. 对我而言，安定与稳定比自由与自主更重要。						
5. 我一直在寻找可以让我开创自己事业的创意。						
6. 我认为只有能对社会做出真正贡献的职业才算是成功的职业。						
7. 在工作中，我希望去解决那些有挑战性的问题，并且能够成功。						
8. 我宁愿离开公司，也不愿从事需要个人和家庭做出一定牺牲的工作。						
9. 将我的技术和专业水平发展到一个更具有竞争力的层次是成功职业的必要条件。						
10. 我希望能够管理一个大公司（组织），我的决策将会影响许多人。						
11. 如果职业允许自由地决定自己的工作内容、计划和过程，我会非常满意。						
12. 如果工作的结果使我丧失了自己在组织中的安全感、稳定感，我宁愿离开这个工作岗位。						
13. 对我而言，创办自己的公司比在其他公司中争取一个高的管理职位更有意义。						
14. 我的职业满足感来自我可以用自己的才能去为他人提供服务。						
15. 我认为职业的成就感来自克服自己面临的非常有挑战性的困难。						
16. 我希望我的职业能够兼顾个人、家庭和工作的需要。						
17. 对我而言，在我喜欢的专业领域内做资深专家比做总经理更具有吸引力。						
18. 只有在我成为公司的总经理后，我才认为我的职业人生是成功的。						

续表

题目	从不	偶尔	有时	经常	频繁	总是
19. 成功的职业应该允许我有完全的自主与自由。						
20. 我愿意在能给我安全感、稳定感的公司中工作。						
21. 当通过自己的努力或想法完成工作时，我的工作成就感最强。						
22. 对我而言，利用自己的才能使这个世界变得更适合生活或居住，比争取一个高的管理职位更重要。						
23. 当我解决了看上去不可能解决的问题，或者在必输无疑的竞赛中胜出时，我会非常有成就感。						
24. 我认为只有很好地平衡了个人、家庭、职业三者的关系，生活才能算是成功的。						
25. 我宁愿离开公司，也不愿频繁接受那些不属于我专业领域的工作。						
26. 对我而言，做一个全面管理者比在我喜欢的专业领域内做资深专家更有吸引力。						
27. 对我而言，用我自己的方式不受约束地完成工作比安全、稳定更加重要。						
28. 只有当我的收入和工作有保障时，我才会对工作感到满意。						
29. 在我的职业生涯中，如果我能成功地创造或实现完全属于自己的产品或点子，我会感到非常成功。						
30. 我希望从事对人类和社会真正有贡献的工作。						
31. 我希望工作中有很多机会可以不断挑战我解决问题的能力（或竞争力）。						
32. 能很好地平衡个人生活与工作比得到一个管理职位更重要。						
33. 如果在工作中能经常用到我特别的技巧和才能，我会感到特别满意。						
34. 我宁愿离开公司，也不愿意接受让我离开全面管理的工作。						
35. 我宁愿离开公司，也不愿意接受约束我自由和自主控制权的工作。						
36. 我希望有一份让我有安全感和稳定感的工作。						

续表

题目	从不	偶尔	有时	经常	频繁	总是
37. 我梦想着开创属于自己的事业。						
38. 如果工作限制了我为他人提供帮助和服务，我宁愿离开公司。						
39. 去解决那些几乎无法解决的难题，比获得一个高的管理职位更有意义。						
40. 我一直在寻找一份能够最大限度地减少个人和家庭之间冲突的工作。						

我的生涯规划

一、活动主题

我的生涯规划。

二、活动背景

生涯规划是指个体对影响一生发展的各种因素的选择和创造。这些因素包括生理、心理、经济、社会、教育等方面。只有对自我有比较全面和深刻的认知，个体才能结合自己的具体特点做出合理的生涯规划。

对于青少年来说，在正确自我认知的基础上做出生涯规划是非常重要的。①生涯规划能够促进个体进一步反思自我，加强自我认识。②凡事预则立，不预则废。青少年始终要面临激烈的社会竞争，在真正进入社会之前，对自己的人生有所规划，能够更快地适应社会，取得事业和人生的成功。③生涯规划有助于个体在发展过程中不断反思，根据个体的发展情况适度调整规划，根据自身情况扬长避短，不断进步。④生涯规划有利于个体找准自己的职业定位和未来的发展方向，在升学过程中选择适合自己的专业。

目前，很多学校已经开始关注生涯规划，会组织学生在高三填报志愿之前进行职业兴趣测试。这会对学生在选择大学专业时有所帮助。生涯规划应该贯穿于个体的成长过程，在家庭教育和学校教育的配合下进行。小学阶段要引导学生树立理想；中学阶段要帮助学生形成正确的自我认识，确定人生发展的方向和目标；大学阶段要引导学生不断完善自我、朝着理想前进。

总的来说，大多数学校和家庭都还没有充分认识到生涯规划对青少年人生发展的重要性，还没有进行这方面的教育和引导。

三、活动目标

①认知目标：了解什么是生涯规划，能够清晰地认识自我。

②态度及情感目标：培养悦纳自我、完善自我的意识，重视生涯规划。

③能力及问题解决目标：完成初步的生涯规划，并掌握悦纳自我、完善自我的方法。

四、活动时间

各学期均可。

五、活动地点

桌椅可灵活移动、配有多媒体设备的教室。

六、活动对象

高中生、大学生。

七、活动形式

知识讲授、团体活动、小组讨论、案例分析。

八、前期准备

①制订活动方案及制作相应的 PPT。

②准备活动讨论案例。

③准备 A4 纸若干。

④准备歌曲《真心英雄》。

⑤提前按照学号的尾数随机将参与活动的学生进行分组，每组 6 人左右。

⑥根据学生组数摆放桌椅，每组围坐在一起。

九、活动流程

（一）活动导入

同学们，在活动开始前，我们先来分享一些名言。

（用 PPT 呈现名言，请学生朗读。）

分享了这些名言，大家能猜到今天我们的活动主题和什么有关吗？

（学生回答。）

是的，今天我们的活动主题和理想有关。小时候，常常会有人问我们"你长大了想做什么？"你还记得自己是怎么回答的吗？现在请同学们围绕"自己想做什么"和小组内的同学进行分享。各小组请一位同学记录分享的内容。

（学生分组讨论。结束后，小组推选代表与全班分享。）

看来，每位同学都有自己的理想职业。我想问大家一个问题：从小到大，你的理想变了吗？

（学生回答。）

很多同学都表示自己的理想已经变过几次了。你想过没有，为什么你的理想会变呢？

（学生回答。）

你的理想之所以会变，是因为你在确定它的时候并没有真正了解自己，因此，随着你的不断成长和发展，理想也在不停变化。有的同学说没有变，你想过你的理想真的就适合你吗？

（学生回答。）

接下来，我们就来做一次生涯规划的活动，帮助同学们全面地分析自己，确定自己的职业理想。

（二）我的一生

首先，同学们在纸上画一条线段，这条线段代表人的一生，在这条线段上按照顺序确定 A、B、C、D、E 点（见图 6-1）。

图 6-1　我的一生

注：A 代表过去的 5 年；B 代表现在的年龄；C 代表未来的 5 年；D 代表退休的年龄；E 代表死亡的年龄。

下面有些问题需要同学们回答，禁止交流。

1. 我的过去

在过去的 5 年中，你最得意的 3 件事情是＿＿＿＿＿＿＿。

在过去的 5 年中，你最后悔的 3 件事情是＿＿＿＿＿＿＿。

假如时光倒流，你会有什么设想？＿＿＿＿＿＿＿。

2. 我的未来

未来 5 年你必须做的 5 件事情是＿＿＿＿＿＿＿。

退休之前你希望达到的最高成就是＿＿＿＿＿＿＿。

你达到最高成就的最大的优势是什么？最大的不足是什么？＿＿＿＿＿＿。

对于理想，你有什么想法？＿＿＿＿＿＿＿。

3. 我的晚年

退休的时间是＿＿＿＿＿＿＿。

设想晚年的生活是 _____ 。

你对晚年生活最大的担忧是什么？ _____ 。

为了避免担忧，老年的你对现在的你会提出哪些忠告？ _____ 。

完成后，回看自己对一生的规划，反思 3 分钟，然后请同学们分享下自己的想法。

（学生分享。）

（三）悦纳自我

在刚才的活动中，我们分析了自己要实现人生理想的优势和不足。现在请几位同学来分享你们的人生理想、优势和不足。

（学生分享。）

这几位同学跟我们谈了他们的理想，也谈了他们的优势和不足。大家是不是也跟他们一样，在向自己的理想迈进的道路上兼具优势和不足呢？你有没有因为自己的不足而感到灰心、沮丧呢？

世上是没有完人的，任何人都有优点，也都有缺点。只有那些对自己的优点充满自信，积极接纳并改进自身缺点的人才是自信、乐观的人，才会一直坚持朝着自己的理想迈进。

老师想跟同学们分享一位女士对自己的评价，请大家听了这段话后，来猜一猜这位女士是什么样的人。

我很可爱！

我的腿很长、很美！

我的爸爸妈妈很爱我！

这个世界会公平地对待每一个人！

我会画画，我会写稿子！

…………

现在请每个小组讨论一下这位女士是什么样的人，可以从她的外形、容貌等方面去想。

（小组讨论，小组代表分享。）

很多同学都觉得这是一个美丽、乐观、生活幸福的人。接下来，老师来告诉大家她究竟是谁。

这就是刚才的自我评价的主人公——黄美廉。她出生时由于脑部神经受损，成为一名脑瘫患者。在幼年时，她常常会受到其他人的嘲笑，也曾经被气得发抖和大哭，但是在父母、老师的鼓励和教育下，她建立了自信心，接纳了自身的不完美，发掘出了自己的潜能，在绘画的道路上坚持、前进，最终成为一名优秀的画家。

同学们，看看她的自画像，再看看她的照片，请同学们谈一谈对这两幅图片的感受。

（学生讨论，请学生代表与全班同学分享。）

黄美廉是悦纳自我的例子。悦纳自我是指个体能够正确地评价和接受自己，并发扬自己的优点，接受并不断克服自己的缺点。黄美廉充分接受了自己外貌的不足和身体的不协调，战胜了这些缺点，发现了自己绘画的天赋，不断努力、奋斗，最终实现了自己的人生理想，成为一名优秀的画家。

请大家学会悦纳自己的不完美，客观地评价自己，并不断改进、完善自己，这有助于我们实现自己的人生理想。

（四）完善自我

悦纳自我的最终目的是完善自我，拥有健全的人格，拥有良好的心理状态。老师给大家推荐几种完善自我的途径，希望对同学们有所帮助。

1. 拥有正确的自我评价

在平时，大家最好能够养成自我反思的习惯，定期进行自我评价，对自己近期的情况进行总结，找出自己的优缺点。只有建立了正确的自我认知，我们才会成为真正的强者，才能从容面对生活中的挫折。

大家可以每个月进行一次自我分析，反思自己近期的不足，不断调整并形成正确的自我认知。

2. 展示和发扬自己的优点

要学会主动地展示和发扬自己的优点。①主动让他人知道你有哪些优点。在平时和他人的交流过程中，可以通过语言或行动让周围的人知道你的优点是什么。②善于抓住机会展示你的优点。一旦在学习和生活中遇到能够展示优点的机会，一定要克服害羞、害怕失败等心理，主动去实践。在不断实践的过程中，你的优点会得到更好的锻炼和提升，你的能力会不断增强。③主动创造机会展示优点。在平时，当周围的人遇到困难和无法解决的问题时，你要主动展示优点，帮助他人解决问题。④要保持谦虚的态度。一个人不能自高自大，要学会谦虚，培养谦虚的美德。只有谦虚的人，才能既看到自己的优点，也看到他人的优点，才会尊重他人，才能很好地和他人沟通、合作。

3. 克服自己的缺点

每个人都有缺点，这是无法避免的。我们只有接纳并不断提升自己，才有可能实现自己的人生理想。①正视缺点，接纳缺点。通过自我分析，总结自己的缺点；区分这些缺点哪些是可以改变的，哪些是无法改变的；接纳无法改变的缺点，并给予自己积极的暗示。②确定人生目标和理想。分析缺点对于目标和理想的实现有什么样的负面作用，清晰地了解自己的不足之处。③不断学习新的知识和技能。当今社会是学习型社会，我们要在生活和学习中不断充实自己。④保持创造性和想象力。在生活中，当缺点阻碍我们进步时，不妨发挥自己的创造性和想象力，换一个角度来解决问题。

4.用发展的眼光看待自己

世界是发展变化着的，人也是不断发展的，我们要用发展的眼光看待自己。①相信一分付出，一分收获。只有确定了自己的方向，并不断朝着方向坚定地前进，我们才能不断地取得进步。也许你取得的进步并不是令人最满意的，但在取得一个个小的进步后，你才会取得成功。②善于接纳自己的不足和失败，在失败中不断总结经验，并不断充实自己，不断提高综合素质，战胜人生道路上的困难，实现自己的奋斗目标。

接下来，请各小组同学讨论、分享，你将如何督促自己，实现自己的理想。

（学生小组讨论，教师请学生代表与全班同学分享。）

（五）活动结束

世界唯一不变的就是永远都在发生着改变。我们要用发展的眼光看待自己。随着生理、心理的发展，随着知识和技能的充实与丰富，我们的优点可能会发生改变。在这个改变的过程中，我们的生涯规划也可能会发生变化。希望同学们在生活和学习中不断反思自己，调整自我评价，并据此调整自己的生涯规划，确定适合自己的目标和理想，不断完善自我，向梦想前进！最后，让我们一起来唱《真心英雄》，在歌声中结束我们的生涯规划之旅！

十、活动总结

①对活动过程进行总结，找出活动中出现的问题，并撰写反思报告。
②结合反思报告，调整活动方案。

十一、活动预算

根据具体实施情况对所要购买的物品做预算。

十二、注意事项

①营造安静的课堂氛围，为学生提供能够深入思考的环境，保证活动效果。
②提醒学生保存"我的一生"活动成果，方便以后查阅。

第七章　生活休闲指导

精彩课间，合理休闲

一、活动主题

精彩课间，合理休闲。

二、活动背景

合理地安排课间生活，能够促进青少年的身心健康发展。适度的课间休息，有利于学生巩固刚学到的知识；能够消除大脑疲劳，帮助大脑快速恢复学习状态；能够缓解上课久坐导致的肌肉紧张，使肌肉得到放松；能够使眼睛处于休息状态，有利于保护视力；能够加强同学之间的交流，有利于增强班级凝聚力。

由于缺乏必要的引导，很多学生都不能合理地安排课间生活。有的学生课间仍然坐在座位上埋头苦读，导致整天精神不佳、昏昏沉沉；有的学生把课间当作课外活动时间，冲到教室外追逐、游戏等，导致大脑处于高度兴奋的状态，注意力很难立马转移到课堂，影响课堂学习效果。随着年龄的增长、学习任务的加重，学生的课间生活也逐渐由教室外转移到教室内，特别是进入高中以后，面对高考压力，很多学生从早到晚都坐在座位上学习，得不到放松，这既会影响学习成绩，也会影响身心健康。可见，引导学生合理安排课间生活，使他们在课间得到放松和调整，是非常必要的。

三、活动目标

①认知目标：了解课间活动的必要性，知道课间可以开展哪些活动，学习一些常见的课间活动方式，积极投入课间生活，丰富校园生活。

②态度及情感目标：培养参加课间活动的主动意识，有通过参加课间活动达到放松和休闲的意识。

③能力及问题解决目标：掌握和实践常见的课间活动形式，使身心得到放松。

四、活动时间

各学期均可。

五、活动地点

桌椅可灵活移动、配有多媒体设备的教室。

六、活动对象

初中生、高中生。

七、活动形式

知识讲授、小组讨论、活动实践。

八、前期准备

①制订活动方案及制作相应的PPT。

②收集青少年常见的课间活动。

③熟悉活动中要带学生做的课间活动。

④布置场地(课桌呈圆圈状摆放,如果学生人数过多,可以围成多个同心圆),准备道具(课间游戏所需的工具)。

九、活动流程

(一)活动导入

同学们,你是怎样度过课间的?大家可以和旁边的同学讨论一下,等下请几位同学来分享。

(学生分享。)

很多同学都是坐在座位上,整理一下书本,做好上下节课的准备。在课间做好上课准备,这是非常好的习惯,这样在下节课可以更好地进入状态。可是,如果课间我们都坐在座位上学习,或者不活动,这样的状态真的好吗?

(学生回答,大多会回答"不好"。)

其实,课间活动是根据大家的生理和心理特点设计的,是为了促进同学们的身心健康发展的。

(二)课间活动的必要性

有同学可能会说:"长期坐在座位上有什么不好?我们本来上课时大脑就在高速运转,已经很累了,课间趴在桌子上休息一会儿,是很合理的,而且,老师一般都会布置一些作业,课间不做就只能等到放学了,哪里有那么多时间呢?"

为了解答大家的疑问，老师首先和大家分享一下久坐的危害。

1. 久坐的危害

①损伤视力。视线长期保持在一定的范围内，容易导致近视。目前，我国青少年的近视率日益增高，导致近视率居高不下的原因有缺乏锻炼、户外活动过少等。

②导致血液循环不畅及大脑缺氧。久坐可能会导致大脑缺氧，暂时出现生理性的"脑贫血"，产生头晕、耳鸣、腿软、乏力等症状。

③导致脊椎、背部疼痛，便秘。长时间保持坐姿，且坐姿不对，容易导致脊椎、背部疾病等。缺乏运动还会影响新陈代谢，导致便秘。

同学们可以看一看自己有没有以上问题。无论是否有以上问题，都要高度重视，争取在课间活动活动。

我们来看一看开展课间活动会给大家带来哪些好处。

2. 积极开展课间活动的好处

①有利于巩固刚学到的知识。在学习后的休息时间，大脑的部分神经活动可以继续进行，使刚获得的知识不受其他知识的干扰，即记忆得到巩固。

②消除疲劳，提高学习积极性。课间活动能够使身体得到合理调整，消除大脑的疲劳，有利于后续学习时集中注意力，提高学习效率。

③预防脊柱异常弯曲。积极参加课间活动，可以缓解腰、背部肌肉的紧张状态，预防脊柱异常弯曲。

④保护视力。在室外活动或远眺可以缓解眼睛疲劳，保护视力。

这就是课间活动的好处。大家听完老师刚才讲的内容，有什么感想？

（请几位学生回答。）

看来，大家都认识到了课间活动的重要性。可是，大家也都提出了共同的疑惑："课间又不长，我们能做什么？"

（三）小组讨论交流

请同学们前后 4 人一组，讨论一下自己做过什么课间活动。大家可以分享从幼儿园至今做过的课间活动。

（学生讨论、交流，教师请几位学生代表分享。）

很多同学又回到了童年，跟我们分享了很多童年时快乐的课间活动。接下来，老师给大家介绍几种课间活动。

（四）常见的课间活动

常见的课间活动有五大类：艺术类、动手类、体育类、文学类和益智类。每种都有一些易于操作、对活动场地要求不高的活动。老师会带大家进行分类实践，希望同学们会喜欢这些活动。

1. 艺术类——兔子舞

兔子舞具有动作简单、律动感强、能带动全身活动的特点。跳兔子舞有助于矫正身姿、减轻疲劳、增进同学之间的交流。

(1)活动目的

帮助学生缓解因久坐产生的身体疲劳，改善学生的情绪，增进学生之间的友谊，增强团体凝聚力。

(2)活动规则

参与者围成一个圈，将双手搭在前一个人的肩膀上，所有人围成一个大圆圈，随着音乐开始活动。

(教师播放音乐，先给学生示范，然后带学生围成圆圈，一起练习。)

学生分组练习，熟练后，让学生自己完成兔子舞。

2. 动手类——抓子

抓子是一种传统的中国游戏，在 20 世纪八九十年代，学校里随处都可以见到下课玩抓子的学生。

抓子游戏主要锻炼手部肌肉以及手眼配合，可以多人玩，也可以一人玩，操作简单，游戏道具也非常容易制作。

(1)活动目的

第一，鼓励学生发挥想象力和创造力，利用生活中的材料制作"子"；第二，提高学生的应变能力、手眼配合和协调能力；第三，提高学生的人际交往能力，培养学生的合作与竞争意识。

(2)工具准备

①传统的工具。在室外拾大小适中的五颗石子，石子尽量一样大，最好不要一些过大、一些过小，一个手刚好可以将五颗石子握住即可。(注意：石子容易伤人，在游戏过程中要注意安全。)

②自己动手制作的工具。可以将用完的笔芯切成约 0.5 厘米长的小段，再将较薄的塑料片(如笔芯的外包装)剪成长、宽各约 1 厘米的小方片，将这些材料按照一个笔芯段、一个小方片的顺序用针线穿在一起，像做手链一样，最后将绳子的两头打结(见图 7-1)。还可以用布做成小荷包状，将沙子、大米装在里面，把口缝好，就像小沙包一样(见图 7-2)。

图 7-1　游戏道具示范 1

图 7-2　游戏道具示范 2

（3）游戏规则

提示：在游戏中只能使用同一只手。

第一步，将五颗石子抓在手里，抛向空中，用手背全部接住，再抛向空中，用手掌接住其中的一个；将手中的石子抛起来，同时捡起桌子上的一个石子，并接住空中落下的石子，然后继续将剩下的石子依次捡起。

第二步，将五颗石子抓在手里，抛向空中，用手背全部接住，再抛向空中，用手掌接住其中的一个；将手里的石子抛起，同时捡起桌子上的两个石子，并接住空中落下的石子，然后继续捡起剩下的两个石子。

第三步，将五颗石子抓在手里，抛向空中，用手背全部接住，再抛向空中，用手掌接住其中的一个；将手里的石子抛起，同时捡起桌子上的三个石子，并接住空中落下的石子，然后将剩下的一个石子用同样的方式捡起。

第四步，将五颗石子抓在手里，抛向空中，用手背全部接住，再抛向空中，用手掌接住其中的一个；将手里的石子抛起，同时捡起桌子上的四个石子，并接住空中落下的石子，然后抛起手中的那一个石子，并接住。

第五步，将五颗石子抓在手里，抛向空中，用手背全部接住，再抛向空中，用手掌接住全部石子，游戏结束。

此游戏的玩法多样，以上为其中的一种玩法。同学们可以在游戏的过程中探索其他玩法。

（教师将事先准备好的"子"分发给小组，然后给学生示范抓子。请各小组学生练习抓子。）

好，同学们都练习得差不多了，有的小组已经进入比赛环节了。接下来，我们请一个小组的同学来给我们表演一下。

（请其他小组同学对表演组同学的表现进行点评。）

通过这个游戏我们可以看出，有的同学的眼手协调能力很不错，有的同学的眼手协调能力有待提高；多玩抓子游戏，协调能力可以得到增强。

3. 体育类——碰脚游戏

在这个游戏中，同学们不需要复杂的工具，课间时找一位同学就可以一起游戏。

（1）活动目的

培养学生的专注力；缓解学习带来的压力和疲倦，使学生的身心放松；缓解学生久坐的疲劳，达到活动筋骨的目的；促进学生之间的互动，增进友谊。

（2）游戏规则

两个同学面对面站立，以剪刀石头布的形式决定谁主动出击。当一方获胜时，则趁对方不注意，脚向对方移动，只能移动一步。无论最后是否碰到对方的脚，都要停下来进行下一轮；在一方移动脚的同时，对方可以向后退一步，使自己的脚不被别人碰到。

（提示：要在较为空旷的场地进行，且碰脚点到为止，注意安全，避免摔倒。）

老师请一位同学上来一起演示踩脚游戏。

（教师示范。）

请大家两人一组，开始游戏。注意，在游戏过程中，不同组的同学要间隔远一些（如果学生人数过多，教师可以将其分组，一次20人进行游戏，其他学生加油；也可以带学生到操场进行游戏）。

4. 文学类——成语接龙

这个游戏很多同学都会，且不限制参与人数。在游戏过程中，只要成语不断，就能一直接下去。

（1）活动目的

增加同学间的交流合作，活跃班级氛围，有利于学生对成语的掌握。

（2）游戏规则

一个人开头，说出一个成语，下一个人接上一个词的词尾，并用词尾组成新的成语，以此类推。

（教师首先说出一个成语，学生自愿接词，带动全班学生参与进来；若词尾不能继续组成新的成语，则游戏停止。游戏结束后，教师请一位同学说一个新的成语作为开头，开始新一轮游戏。）

5. 益智类——五子棋

五子棋是一种流行的棋类竞技项目，同学们可以自己画出棋盘进行游戏。

（1）活动目的

缓解学习压力和疲劳，使学生放松身心；有利于培养学生的专注力和思维能力，提高学生的成就动机。

（2）游戏规则

在一张纸上画上横线和竖线当作棋盘，两位同学各自拿出一支笔，用两种不同的符号或者笔芯的颜色代表自己的棋子，在棋盘上画出自己的棋子，五子连成一线的一方获胜。

老师会在黑板上画出棋盘，邀请一位同学共同完成游戏。然后请同学两人一组，画出棋盘，完成游戏。

（五）活动结束

老师带大家一起做了这么多活动，希望大家能够在课间动起来。只要你愿意动起来，课间生活就会变得多姿多彩，你会发现和同学之间的交流增加了，关系变得更融洽了！希望大家合理地安排自己的课间活动，体会课间活动的乐趣，达到最好的学习状态。最后，老师要提醒大家，课间活动的时候一定要注意安全，合理安排时间，避免耽误上课时间。

十、活动总结

①对活动过程进行总结，找出活动中出现的问题，并撰写反思报告。

②结合反思报告，调整活动方案。

十一、活动预算

根据具体实施情况对所要购买的物品做预算。

十二、注意事项

①注意维持现场秩序，避免学生兴奋导致课堂混乱。

②激发学生走出课堂、劳逸结合的主动性。

旅行的意义

一、活动主题

旅行的意义。

二、活动背景

随着网络的高速发展，网络对中学生的影响越来越大。人们主要通过上网满足娱乐的需求，丰富生活，减压放松，而逐渐忽略了一些诸如旅行一样更为健康的放松途径。

由于之前"世界那么大，我想去看看"的辞职信，部分同学怀揣着追风的心境开始进行所谓"旅途"，"咔嚓"着沿途的美丽风景，在各个网络平台上展示着自己的"旅果"，而淡忘了旅行的真正意义。

三、活动目标

①认知目标：理解旅行的意义。

②态度及情感目标：培养避免沉迷于网络的主动意识，并对旅行产生积极体验。

③能力及问题解决目标：减少网络的使用，升华学生对旅行的理解。

四、活动时间

各学期均可。

五、活动地点

桌椅可灵活移动、配有多媒体设备的教室。

六、活动对象

初、高中及大学生。

七、活动形式

团体游戏、想象放松、小组讨论、分享感悟。

八、前期准备

①准备青少年休闲生活的图片。

②准备轻松、舒缓的背景音乐。

九、活动流程

(一)活动导入

同学们上了几节课，应该比较累了，老师先带大家做一个放松游戏。游戏的名字是"反指令"：老师要求大家做什么，大家反着做。例如，老师说"站起来"，你们就要坐下；老师说"向前看"，你们就要向后看；老师说"向左看"，你们就要向右看。

（游戏进行，教师悄悄记住在游戏过程中出错的同学；游戏时间不超过5分钟。）

好，游戏结束。同学们玩得都很开心。有的同学注意力很集中，每次都做对了；有的同学不够专注，出错了。下面我们就请刚才游戏中出错的同学来分享，在日常生活中你常用的放松方式是什么。

（学生分享，教师将学生分享的内容记录在黑板上。）

通过游戏，同学们已经比较放松了。还有几位同学分享了他们平时的放松方式。今天我们的活动主题就和放松有关，让我们一起来了解日常生活中常见的放松方式——旅行。

有的同学可能会说，我没有时间去旅行；有的同学可能会说，我没有钱去旅行。其实，旅行并非一定要花时间或金钱。只要我们静下心来，旅行随时都可以进行。

(二)心之初体验——开火车游戏

每位同学应该都有自己喜欢的地方，而且都有自己喜欢这个地方的理由。接下来，我们来做一个开火车游戏，一起来分享一下自己喜欢的地方。

前后8人一组，如果桌子隔得比较远，可以移动桌子，大家围成一个圆圈。

①组内每个人选择一个喜欢的地方代表自己；确定后，每个人跟小组成员分享这个代表自己的地方，并说出选择该地方代表自己的原因。

②游戏开始后，组内确定一位领头人，开始开火车。站起来的成员说："××(代表自己的地方)的火车就要开!"其他人一起有节奏地拍手问："往哪儿开?"站起来的成员选择代表组内某位成员的地名说："××(代表某位组员的地方)开!"接下来，被点名的同学站起来又重复第一位同学的问题："××(代表自己的地方)的火车就要开!"以此类推。

③游戏过程中需要高度集中注意力，在3秒之内做出反应。没有反应或反应延迟就算输，需要接受惩罚。

④输的成员要给小组成员分享一个自己旅行的经历，或者选择这个城市的理由以及与自己的关联性。分享之后，游戏继续，从输的那位同学重新开始。

（学生开展游戏，教师邀请学生代表分享感受。）

这个游戏大家玩得不亦乐乎，每位同学都跟大家分享了自己非常喜欢的地方，每个人都要试着走出自己的小天地，融入大自然。网络上有一句流行语——"世界那么大，我想去看看"。那么，我们究竟应该看什么？

(三)带你领略旅行的意义

我们一起来看一段视频——《旅行的意义》。

旅行的意义不在于你看过多少人、拍过多少美景、吃过多少美食，而在于感悟旅途的过程。读万卷书不如行万里路，旅行能带给我们书本上没有的体验，让我们看到不同的世界，体会到独立与自由，找到想要的生活。

看了这个视频，你们是否愿意选择在空闲和需要放松的时候放下手机，远离网络，来一场走出去的旅行？

接下来，老师带大家走进想象的世界。

（四）走出喧嚣、净化心灵——想象放松

（播放背景音乐。教师指导学生进行想象放松。）

请你用最舒适的姿势坐好，做三次深呼吸，让自己彻底放松下来，从头到脚都放松下来。然后请你跟着老师的描述，开始想象你进入了这样的场景：你正坐在一辆红色的车上，这辆车正行驶在一条笔直的马路上，天是蓝色的，云是白色的，山是绿色的，路是青色的，风是凉爽的；慢慢地你从座位上站了起来，仰起头，张开双臂，拥抱这美丽的大自然；渐渐地，你的双臂变成了两只洁白的翅膀，你慢慢地离开车，轻轻地飞了起来；你越飞越高，不一会儿你已经飞翔在辽阔的蓝天之中，轻柔的风从你的肩头掠过，白云就漂浮在你的身边，辽阔的大地就在你下面，翠绿的山林、延绵的高山、清澈的河流、安静的村庄，都慢慢往后移动；现在请你抖动一下翅膀，你的烦恼和忧伤随着翅膀的抖动一点点滑落到天空中，请你再抖动一下翅膀，困扰你的更深层次的伤感随着翅膀的抖动也滑落到天空中；请你感觉一下你的身体在洁净的天空中变成了透明的，你即将融化在天空中，与美丽的大自然融为一体，体验一下放松的感觉吧（停顿 10 秒）。

现在你飞翔在故乡的一个村庄的上空，村庄的前面有一个碧绿的池塘，有翠绿的荷叶和洁白的荷花。在池塘边上，有一个小孩，那个小孩就是你。你穿着小时候的衣服，正蹲在水边放一只小小的纸船。小孩无忧无虑地享受着荷塘的时光，多想回到那个时候啊。

你飞呀飞呀，不断抖动着你洁白的翅膀，你所有的恐惧都已经消失得无影无踪了；你飞呀飞呀，尽情享受着蓝天和白云的恩赐……

或许你也累了，请你慢慢地飞回地面，追上刚才那辆红色的车，现在你已经站在了车上面，慢慢把你的翅膀变成你的双臂，展开双臂，去拥抱美丽的自然！

请你做三个舒缓的深呼吸，慢慢飞回教室，听我慢慢地说，你就会醒过来。①慢慢地回到室内，回到你的凳子上；②感受一下你的凳子，感受一下自己的双手；③慢慢握一下双拳，感觉一下身体的每个部位；④把注意力集中在你的眼前；⑤慢慢睁开眼睛，看看眼前的一切，你已经回到了现实。

（教师在带领学生冥想的过程中，要注意语速，使学生能够充分想象自己在相应的情境中，播放舒缓的背景音乐会使冥想的效果更好。）

各位同学在刚才的想象中看到了什么？有怎样的体验？你觉得现在的状态怎样？

（学生代表分享。）

是的，其实我们在想象中也可以开展旅行。旅行随时随地都可以进行。旅行不仅能帮助我们放松身心，而且能帮助我们在旅行中探索自我、发现自我，从而达到身心和谐的状态。旅行是一种放松，在旅途中需要用心感受这个过程，这就是旅行的意义。

旅行对于我们来说并不遥远，只要跨出家门，世界就在你的脚下。当我们沉醉于旅途的风景时，同时也是在沉淀自我，给自己一个栖息的地方！让我们放下手机、远离网络，去感受旅行的美妙！

十、活动总结

①对活动过程进行总结，找出活动中出现的问题，并撰写反思报告。
②结合反思报告，调整活动方案。

十一、活动预算

根据具体实施情况对所要购买的物品做预算。

十二、注意事项

①在放松活动中，让每位学生保持安静。
②做好组织宣传工作，让学生积极参与进来。
③教师在放松环节应增强语言感染力。

在画中传承优秀传统文化

一、活动主题

在画中传承优秀传统文化。

二、活动背景

2017 年，中共中央办公厅、国务院办公厅印发了《关于实施中华优秀传统文化传承发展工程的意见》，指出"文化是民族的血脉，是人民的精神家园"。

　　中国传统节日是中华传统文化的重要组成部分。每个节日都是在中华民族的悠久历史中逐渐形成的，反映了人们的生活习俗、文化进步等，每个节日都富含深厚的文化底蕴。围绕每个传统节日，文人雅士谱写了许多名篇佳句。我们都应该熟悉中国传统节日，在传承节日的同时，也要对节日进行创新。

　　中国传统节日以潜移默化的形式展示着中华民族的精神世界，表达着人们对美好理想、智慧等的追求与向往，是弘扬中华民族优秀文化和传承中华美德的重要载体。在当今世界多元文化并存的形势下，我们更应该坚守优秀传统文化，在寓教于乐中传承传统节日。

三、活动目标

　　①认知目标：了解除夕、端午节、重阳节、冬至、腊八节五个传统节日蕴含的优秀传统文化。

　　②态度及情感目标：培养主动传承优秀传统文化的意识。

　　③能力及问题解决目标：通过小组合作绘画的形式，让学生画出心中的传统节日，在潜移默化中内化中国传统文化，并传承优秀传统文化。

四、活动时间

　　各学期均可。

五、活动地点

　　桌椅可灵活移动、配有多媒体设备的教室。

六、活动对象

　　高中生、大学生。

七、活动形式

　　知识讲授、绘画创作、小组讨论。

八、前期准备

　　①制订活动方案及制作相应的PPT。

　　②把学生随机分为六个小组，并随机抽取属于自己小组的节日（除夕、端午节、重阳节、冬至、腊八节）。

　　③请学生查阅关于以上五个中国传统节日的资料，并重点查阅自己所属节日的相关资料，如来历、传说、习俗等。

　　④准备活动需要的物品。

九、活动流程

中国是世界四大文明古国之一，有着悠久的历史。具有深厚文化底蕴的中国传统节日，也是在中华民族发展过程中逐渐形成的。文人雅士围绕节日习俗、文化内涵等创作了大量文学佳作，反映了中华民族丰富多彩的文化生活。传承传统节日文化，有利于我们更好地了解和内化中国传统文化。

今天就让我们一起感受中国传统文化的魅力，以传统节日为契机，走进优秀传统文化的神圣殿堂。

(一)百家讲堂——解读中国传统节日

1. 除夕

除夕是农历一年最后一天的夜晚。除夕之夜含有"旧岁到此夕而除，明日即另换新岁"的意思，即"除旧布新"。

说到除夕，大家就会想到一家人围坐在一起吃年夜饭的温馨画面。我们请几位同学分享一下他们的除夕之夜。

(小组代表分享自己的除夕，教师随机点评。)

看来，大部分同学的除夕都是在吃年夜饭和看春晚中度过的，一家人团聚在一起，其乐融融、温馨、和谐。其实，除夕除了年夜饭和春晚，还有很多知识是我们不知道的，老师来给大家介绍一下。

除夕是我国重要的传统节日，在除夕这一天，家家户户都要准备年夜饭，有的还要贴上门神、春联、年画，挂上红色的灯笼；人们则换上新衣，全家人欢聚一堂，吃年夜饭，共话团圆；吃完年夜饭之后，有的还要放鞭炮、守岁，共同迎接新的一年。

看了除夕的传统过法，同学们有没有计划你今年要怎么过除夕？

(请学生代表分享。)

是的，我们要传承除夕的民俗文化，可以从以下几点入手。

①回家吃年夜饭。除夕对中国人来说是很重要的。在这一天，无论多忙，我们都要回家吃年夜饭，全家人欢聚在一起。年夜饭充分表现出家庭成员的互敬互爱，一年一次的年夜饭使一家人的关系更为紧密。在做年夜饭的过程中，家人相互配合，增进情感。我们庆祝除夕，继承中华民族几千年来形成的这种互爱互敬的优良传统，珍惜亲情，维护好自己的"小家"，才能建设好祖国的"大家"。

②贴春联、窗花。从古至今，很多地方除夕都有贴春联、窗花的习俗。

春联以工整、对偶、简洁、精巧的文字描绘时代背景，抒发美好的愿望，是我国特有的文学形式。窗花不仅烘托了喜庆的节日气氛，而且集装饰性、欣赏性和实用性于一体。对这一习俗的继承，不仅可以弘扬我国的优秀传统文化以及剪纸艺术，而且可以提高人们的归属感与自豪感。

③祭祖。除夕还有祭祖、长辈给晚辈压岁钱的传统。因各地礼俗不同，祭祖形式也各异，但纪念祖先的意义是相同的。

除夕体现了家庭团聚的那份亲情，是中华民族的优良传统和民族文化的象征。

2. 端午节

很多传统节日都和美食有关。例如，对于刚才我们讲过的除夕，大家就会想到吃饺子。那么，端午节会吃什么？

（学生回答。）

对，是吃粽子。

端午节起源于中国，又称端阳节。自 2008 年起，端午节被列为国家法定节假日。2009 年 9 月，联合国教育、科学及文化组织正式审议并批准中国端午节列入世界非物质文化遗产，成为中国首个入选世界非物质文化遗产的节日。

提到端午节，大家首先就会想到屈原，一种说法认为端午节是为了纪念屈原而设定的节日。端午节是由上古时代龙图腾祭祀演变而来的，之后因为战国时期楚国诗人屈原在五月初五跳江自尽，后亦将端午节作为纪念屈原的节日。还有一种说法认为端午节是为了纪念伍子胥而设立的。我们请端午节小组的同学跟我们分享一下伍子胥的故事。

（端午节小组代表分享伍子胥的故事。）

感谢同学分享的故事让我们看到了一个为了国家不顾生死的忠臣形象，这一点和屈原是很像的。不管是为了纪念谁，端午节作为一个传统的中国节日流传了下来，形成了独特的节日文化。

端午节有很多习俗，如吃粽子、在门上挂艾草或菖蒲驱邪、饮雄黄酒、放风筝、赛龙舟、戴香包等。传承至今，除了以上习俗，端午节又多了一层新的含义，就是提醒大家做好卫生防疫工作。

端午节时，天气湿热，细菌繁殖快，疫病易生。在古时候，古人会打扫庭院、铲除虫菌滋生地、喝雄黄酒消毒、佩戴香包驱虫……这些很好的民俗都是我们应该传承的。

我们要传承端午节的民俗文化，需要注意以下方面。

①举办端午文化节。在文化节上，一方面，可以普及关于端午节习俗的知识；另一方面，可以带大家亲自动手，包粽子、做香包、挂菖蒲等，在活动中传承端午习俗。

②举办爱国卫生运动。在端午节期间组织民众进行爱国卫生运动，提高人们的健康防疫意识，养成良好的卫生习惯，让端午节成为现代的全民卫生防疫节。

3. 重阳节

"独在异乡为异客，每逢佳节倍思亲。遥知兄弟登高处，遍插茱萸少一人。"转眼间到了农历九月初九，我们来到了秋意浓厚的重阳节。

说到重阳节，大家首先想到的应该是登高，那么重阳节为什么要登高呢？接下来请大家看一段视频（重阳节简介），了解在重阳节为什么要登高。

（播放视频。）

看完了视频，我们对重阳节有了初步的了解。重阳节，又称重九节。重阳节有出游赏秋、登高远眺、观赏菊花、遍插茱萸、吃重阳糕、饮菊花酒等习俗。

其实，重阳节也是老人节，在重阳节这一天，我们应该表达自己对长辈的爱，继承中国的优良传统——孝道。如果你没有和长辈在一起，那么在这一天，给他们打一个电话、发一条短信，他们也会倍感欣慰。对于重阳节，我们应该注意以下几个方面。

①传承重阳传统习俗。了解重阳节的文化内涵，继承传统习俗，如登高、出游、赏菊等。

②敬老爱老。孝敬长辈，为家里的老人做些力所能及的事情；去敬老院给老人过节；主动扶老人过马路、给老人让座等。在节日的传承中将这些美德延伸到生活中。

4. 冬至

接下来给大家介绍的就是冬至。说到冬至，大家肯定会疑惑，冬至不是二十四节气之一吗？怎么又是传统节日？其实，冬至除了是中国农历中的一个重要的节气，也是中华民族的一个传统节日。早在春秋时代，中国就已经用土圭观测太阳，测定出了冬至，它是二十四节气中最早制订出的一个。

在中国北方有冬至吃饺子的风俗，俗话说："冬至到，吃水饺。"而南方则是吃汤圆。当然也有例外。例如，在一些地方，冬至又被称为"数九"，在这一天要喝羊汤，有驱除寒冷之意。在江南一带仍有"吃了冬至夜饭长一岁"

的说法，俗称"添岁"。

对于冬至，我们应该注意以下几个方面。

①继承节日饮食文化。冬至的饮食文化是丰富多彩的。在这一天，我国不同地域的人们有着不同的饮食风俗。

②继承祭祀文化。冬至大如年，在一年中白昼最短、黑夜最长的这一天，人们要进行祭祀活动，祭奠自己的祖先，表达自己对先辈的缅怀和对未来的憧憬。

5. 腊八节

过完了冬至，就到了年末，每年农历的最后一个月被称为"腊月"，这个月有一个特殊的节日，就是腊八节。

腊八节，俗称"腊八"，即农历十二月初八。古人有祭祀祖先、祈求丰收吉祥的传统。在这一天，最有代表性的习俗就是喝腊八粥。

对于腊八节，应该了解以下几个方面。

①制作腊八粥。腊八粥的主要原料为谷类，有小米和薏米等。制作者可以根据自己的喜好在粥中加入自己喜欢的材料。

②制作腊八蒜。腊八也有制作腊八蒜的习惯。据传，腊八蒜的蒜字和"算"字同音，指各商家要在这天把一年的收支(所有账务)算清楚，看是否盈利，即"腊八算"。

③继承勤俭节约的优良传统。随着经济的飞速发展，人们的收入不断增加，生活水平不断提高，但我们应继承勤俭节约的优良传统，纠正浪费这种不良的社会风气。

(二)任你 DIY——设计文化衫

我们了解了中国传统节日的文化习俗，感受到了传统节日丰厚的文化底蕴和多彩的庆祝习俗。接下来我们开展 DIY 传统节日文化衫的活动，请同学们挥动你们的双手，在文化衫上画出你心中的传统节日。

我们在活动前已经将同学们分成了不同的小组，每组也已经提前查阅了小组相关节日的资料。接下来，老师会给每组发一件纯白色的文化衫、颜料、调色盘和画笔。请同学们围绕自己小组的节日，以传承传统节日文化为主题，设计一幅画，先画在稿纸上，定稿后，再将其画在文化衫上。

具体步骤：①讨论活动方案；②方案确立后，拟定设计草稿；③以小组合作创作的方式，共同勾画，完成文化衫设计；④传"呈"传统——走秀。

(学生完成作品。)

同学们都已经完成了自己的创作，现在就请每组以走秀的形式将作品展现给大家。走秀形式不限，在走秀的同时请各小组介绍自己的作品和设计理念。

（三）活动结束

同学们设计的作品都很美，从不同的角度体现了我们对优秀传统文化的感悟。老师希望通过感受这些传统节日，大家能继承和弘扬中华民族的优秀传统文化。

十、活动总结

①对活动过程进行总结，找出活动中出现的问题，并撰写反思报告。

②结合反思报告，调整活动方案。

十一、活动预算

根据具体实施情况对所要购买的物品做预算。

十二、注意事项

①教师在活动过程中要关注不同小组的开展情况，确保每位学生都参与活动。

②在绘画过程中，保持课堂整洁。活动结束后要及时清理活动场地。

暂别青春，重返童年

一、活动主题

暂别青春，重返童年。

二、活动背景

随着年级的升高，青少年的学习压力也在不断增加。过度的压力还会导致青少年处于焦虑、紧张、抑郁、失望等负性情绪中，甚至会影响青少年的认知功能，导致记忆力下降、思维刻板等。因此，帮助青少年缓解压力是必要的。

还记得树上的知了吗？还记得荡过的秋千和当年两小无猜的玩伴吗？这些童年的美好回忆不时在我们脑海中浮现，让我们怀念，又让我们感慨。相比于繁重的学习任务，童年的生活是那么美好、简单。每个人都会有美好的童年经历和回忆。因此，带大家重拾儿时的美好，暂时告别当下的烦恼，有利于帮助青少年减轻压力。

三、活动目标

①认知目标：回忆童年的美好时光。

②态度及情感目标：处于压力状态时能够保持童心，通过回顾童年适度减压。

③能力及问题解决目标：能通过童年游戏来减压，并在活动过程中培养观察力和敏捷性，增强班级凝聚力。

四、活动时间

各学期均可。

五、活动地点

桌椅可灵活移动、配有多媒体设备的教室。

六、活动对象

初中生、高中生。

七、活动形式

小组讨论、团体活动。

八、前期准备

①准备活动的相关视频和物品。

②分组：在活动开始前，由班委组织学生通过抓阄的方式进行分组，6～8人一组，根据学生人数灵活确定组数。

九、活动流程

（一）活动导入

同学们，学习累不累？有没有觉得"压力山大"？

（学生回答。）

随着年级的升高，学习难度和任务也在不断加大、加重，我们感受到的压力也在不断增加。同学们天天在教室里埋头苦读，希望取得理想的学习成绩。

学生的主要任务是学习。然而在学习之余，我们需要休闲和放松，这样才能维护身心健康，才能以最好的状态投入学习，才能取得理想的学习成绩。

同学们，大家说一说，你在什么时候是最快乐的呢？请小组成员分享一下到目前为止最快乐的时光。

（小组分享。小组讨论结束，教师邀请小组代表分享小组成员的快乐时光。）

每个人快乐的事情都有所不同，但是大部分人在回忆人生最快乐的时光时，都会说是自己的童年时光。在童年，学习任务没有那么繁重，考试压力没有那么大，我们会一下课就冲出校园，放学后和小伙伴玩耍……大家在一起玩得不亦乐乎。和高年级繁重的学习压力相比，童年是那样的无忧无虑。今天就让我们暂时告别青春的各种压力，回到美妙的童年时光。

活动以小组为单位，采用累计积分制。在每个环节，各小组所得的积分都会在黑板上以"正"字呈现。活动结束后得分最高的小组成员都可得到一份小礼物。请每位成员都积极参与活动的每个环节。

（二）追忆童年的美好

每个人的童年虽然都是美好的，但是这份美好是各不相同的。你童年中最美好的事情是什么呢？让我们轻轻地闭上双眼，静静地回忆，寻找童年最美的时光。

（学生闭上双眼回忆两分钟。）

好的，回忆时间到了。想到最美好的童年时光了吗？现在请大家和小组成员分享，每人跟大家分享一件最难忘的事情。

（小组成员积极分享。分享结束后，请每个小组成员主动和全班同学分享。一共有 8 个分享名额，采取自愿、主动的方式。每上来一位同学分享，他所在的小组就可以加一分。）

（学生主动分享，教师为分享者所在的小组计分。）

（三）动画大本营

同学们也分享了很多快乐的童年趣事，大家的童年生活的确多姿多彩！所以当大家在生活中遇到烦恼时，可以想想小时候的事情，做做小时候的事情来减压。

有同学刚才分享，童年最美好的记忆就是每天可以看一集自己喜欢的动画片。的确，我们每个人在成长过程中都看过几部经典的动画片，它们伴随我们成长，给我们带来快乐。

在接下来的环节中，就让我们到"动画大本营"重新体验一下动画片带给我们的快乐吧。

1. 听动画片猜名字

老师会给大家播放动画片片段的声音，播放结束后，老师说"开始"，各小组同学抢答。每组指定一位同学为抢答人，小组其他成员不能参与抢答。

抢答正确则为小组加一分，抢答错误则减一分；抢答错误后由老师组织剩余小组进行新一轮的抢答，规则同上。

（教师播放八个动画片片段的声音，请学生猜名字。）

2. 给动画片配音

刚才我们都猜到了动画片的名字，接下来我们来玩配音游戏。

每组到老师这里抽取一个动画片片段和相应的配音词。每组分配不同的配音角色，大家有 5 分钟的准备时间，之后分组进行正式的配音表演。所有小组配音结束后，老师会根据同学们配音的流畅度、对角色的表现力、与原声的吻合度对配音质量进行评价，第一名为 10 分，后面的名次依次减 1 分。

（各小组练习配音。练习结束后，进行配音比赛。）

刚才同学们的配音都非常好，大家对儿时的动画片都有很深刻的记忆，模仿得相当到位。在配音的过程中，各小组成员都配合得非常好，这是值得表扬的。可以看出，我们班的凝聚力非常好，希望大家能够保持。

（四）重温童年游戏

童年游戏同样让我们难以忘怀。大家玩过丢手绢吗？大家玩过木头人吗？大家玩过老鹰捉小鸡吗？大家玩过丢弹珠吗？

小时候玩游戏时的场景又浮现在我们面前。现在的我们也许只会埋头坐在桌前苦读，一般我们认为玩是浪费时间的，生活中除了学习就是学习。这样的状态只会增加我们的学习压力。如果不能很好地缓解压力，就可能会影响我们的学习成绩。

其实，玩并非浪费时间的行为。在玩的过程中，我们可以得到许多乐趣和收获，大脑会得到放松，肌肉不再紧张、僵硬，人际交往能力增强，压力得到缓解，因此，我们要采取自己喜欢的方式来放松。

下面，就让我们一起来重温儿时常玩的两个游戏。

1. 丢手绢

15～20 位同学（每个小组都要有成员参加，每组参加人数最好基本相同）围成一个圆圈蹲下，其中同学 A（自愿）站起来，拿着手绢，开始在其他同学身后绕外圈走。蹲着的小朋友开始唱歌："丢，丢，丢手绢，轻轻地放在小朋友的后面，大家不要告诉他……"歌曲结束之前，丢手绢的同学 A 必须把手绢放在同学 B 的身后，然后快速回到自己原来的位置。被选中的同学 B 必须在第一时间发现在自己身后的手绢，拿起手绢追上丢手绢的同学 A，算是胜利，否则就是失败。胜利的同学可为所在组加一分，失败的同学则需要到圆圈中央表演一个节目(可以谈谈现在的压力、这个活动带来的乐趣，也可以唱首歌)，之后再继续丢手绢。

(游戏可以进行几轮。)

刚才的游戏进行得非常顺利，同学们玩得很开心。在游戏中，同学们都很快乐。

2. 木头人

①每组派出 2 人参加游戏。游戏总人数不超过 8 人，可以根据组数适当调整每组的人数。

②由老师叫停，大家一起叫口令："我们都是木头人，不许说话不许动，不许走路不许笑!"这时候其他人可以快速行动，尽快到达终点。

③口令完毕，立即保持静止状态，无论本来是什么姿势，都必须保持不动。作为主持人的同学回头看谁在动。如果有一人先说话，或者笑了，或者动了，就算出局。其他人不得对参与游戏的同学进行干扰。第一个到达终点的同学可以为所在组加一分，最后一个到达终点的同学需要做一个表情包表演。

④开始下一轮木头人游戏。

(游戏可以进行几轮。)

游戏的过程中充满了欢歌笑语，大家都很放松。木头人游戏考验的是大家冷静处事的能力、坚持的能力，希望大家在学习中遇到特殊的情况时也能冷静、坚持。

在这两个游戏中，全班同学一起互动，既增强了同学们的友谊，也增强了班级凝聚力。我们的班级是一个团结、和谐的班级，在这样的班级里，当我们遇到压力的时候，可以及时向其他同学求助，让自己能够保持良好的心理状态。

今天的活动就结束了。接下来，我们统计一下各组的得分情况，看第一名是哪一组。

(教师公布第一名，并发奖品。)

童年时的记忆永远不会被抹去。虽然同学们已经长大了，但希望大家不要忘记儿时的快乐。

今天通过不同的游戏，同学们重返了童年生活，回忆了美好的时光。希望同学们在感到疲劳、有压力的时候能够离开书桌，适当地放松和休闲，这样才能使自己保持良好的学习状态，取得好的学习成绩，同时保持良好的心理状态。

十、活动总结

①对活动过程进行总结，找出活动中出现的问题，并撰写反思报告。

②结合反思报告，调整活动方案。

十一、活动预算

根据具体实施情况对所要购买的物品做预算。

十二、注意事项

①注意维持活动秩序，请学生不要随意走动。

②在游戏过程中，注意安全，遵守游戏规则，切勿打闹。

享受运动，激扬青春

一、活动主题

享受运动，激扬青春。

二、活动背景

趣味运动是将传统体育运动和趣味活动融合在一起形成的一项新兴运动。它是介于体育运动及趣味游戏之间的一项趣味、竞技相结合的运动，注重将个人奉献和集体协作相结合。运动既能够加强团队的协作、沟通，也能够凸显个人的兴趣和优势，增强班级凝聚力，还能够帮助大家暂时忘却烦恼，放松身心，缓解焦虑。

很多学生在学习的同时，忘记了适当地放松自己，埋头苦学却得不到理想的学习成绩，久而久之，陷入"埋头苦学—成绩不理想—焦虑"的恶性循环中，出现抑郁、烦躁、易怒等负性情绪，影响身心健康和学习效率。

三、活动目标

①认知目标：了解团队协作和休闲放松的重要性。

②态度及情感目标：提高全员主动放松的意识。

③能力及问题解决目标：增进同学之间的协作和交流，营造良好的班级氛围，使学生的身心得到放松，能够在学习之余主动参加运动。

四、活动时间

各学期均可。

五、活动地点

桌椅可灵活移动、配有多媒体设备的教室。

六、活动对象

初、高中及大学生。

七、活动形式

体育游戏竞赛。

八、前准备阶段

①选择及布置活动场地。

②将学生进行分组，确定负责每个活动的裁判和纪检人员，并对其进行培训，说明需要开展的工作内容。

③活动开始前通知学生穿着方便运动的衣服和鞋子。

④准备活动的相关物品。

九、活动流程

(一)活动导入

在活动开始前，老师带同学们先做一个热身运动。请大家听口令，跟老师一起动起来。

(二)花样接力

在做完准备活动之后，我们开始今天的第一个活动——花样接力。此项运动不仅考验大家的默契，而且考验大家的协作能力。接下来给大家介绍规则。

本环节由吃面包、下蹲、跳绳、转呼啦圈、背靠背原地转圈、踢毽子、你画我猜七个活动组成。

每组 10 人，各自完成不同的任务，小组内部自行决定参与不同环节的活动者，每个人只能参与一个活动。每组按照要求完成任务，用时少的一组获胜。

①每组第一个人吃完一片面包后与下一环节参与者击掌。

②第二个人做 15 个下蹲，完成后与下一环节参与者击掌。

③第三个人带第四个人跳单人绳，连续跳满 30 个才算成功，完成后与下一环节参与者击掌。

④第五个人连续转呼啦圈 30 个，完成后与下一环节参与者击掌。

⑤第六个人与第七个人背靠背原地转圈 10 个，完成后与下一环节参与者击掌。

⑥第八个人踢毽子连续踢 15 个，完成后与下一环节参与者击掌。

⑦第九个人现场抽取你画我猜的卡片一张，然后通过比画（可以说话，但不能提到卡片中的字）让第十个人猜，成功猜出卡片上的内容则游戏结束，停止计时。

注意：小组成员只能以击掌为传递信号，下一环节的游戏才能开始。为了公平，本轮游戏由 A 组和 B 组各派一位代表进行石头剪刀布，赢的那个队员可自行选择本轮比赛的先后顺序。

游戏期间，希望每个同学遵守游戏规则，尽量快、准、稳地完成自己的任务。接下来，各组开始分工和练习，5 分钟后正式开始花样接力！

（进行游戏。）

花样接力游戏结束了，同学们刚才都玩得很开心、很投入，接下来请每组交流一下参与活动的感受，然后每组派一位代表和全班同学分享。

（学生、交流感受，教师邀请各组代表与大家分享。）

这一活动有很多不同的环节，我们可以发现有的同学擅长踢毽子，有的同学擅长跳绳，有的同学擅长转呼啦圈，每个人都有自己的优势。在活动中，大家相互鼓励，团结协作。有的同学说，很久没有这样和同学一起玩过了，在活动中体验到了团体的力量。希望大家以后在学习之余也要适当放松，多和同学交流，减轻学习压力。

接下来我们进行第二个活动。

(三)八字跳绳

①每组选两名队员作为摇绳者，剩余队员在其中一名摇绳者的旁边依次排好队，听到老师的口令后，两人开始摇绳，队员依次从其中一侧跳过长绳跑到另一侧等候，等全部队员都通过后再依次从另一侧出发，跳过长绳跑到最开始的一侧，如此循环进行，直到时间结束。

②途中绊绳后绳子没有从脚下一次通过的算失误，且不计数，失误的队员应立马跑出绳外，摇绳者继续摇绳，让后面的队员继续跳绳。

③一人不能连跳两次以上，一次也不能连跳两人。

④比赛时间为 1 分钟，在 1 分钟内跳绳个数多的小组获胜。

⑤每组有 15 分钟的练习时间，练习时间结束后即可开始比赛。

⑥每组选一名队员进行石头剪刀布，赢的那个队员可自行选择本轮比赛的先后顺序。

⑦若两组成绩相同，则进行附加赛一轮决定输赢，规则同上。

（各小组练习，练习结束后开始比赛。比赛结束后，教师公布各小组的跳绳个数及名次。活动裁判负责计时，纪检人员维持纪律。）

本轮比赛结束了，第一名是××组，恭喜！我们请这一组的同学来和我们分享他们是如何取得好成绩的。

（获胜小组学生分享感受。）

八字跳绳其实是一个比较难的项目。在一个小组里，有的同学可能非常擅长，有的同学却完全不会。小组要想取得好成绩，就必须相互鼓励，加强配合和协作。

下面，我们继续进行第三个活动。这个活动更需要大家的配合和协作。

（四）车轮滚滚

①小组的所有成员分工协作将报纸用胶带粘在一起，做成一个车轮（车轮的大小应该能够使所有小组成员站成一列，并有适当的活动空间）。

②制作车轮的时间为15分钟，所有小组完成后即可开始比赛。

③所有人站在封闭的车轮中，将双脚踩在制作的车轮上；双手高举，向上托住车轮的上半部分，全组成员在车轮中行走，从起点走到终点，所有队员通过终点线才算完成比赛。

④若比赛过程中所有小组的车轮都断裂了，则可判定在车轮完整的情况下走得远的小组获胜。

⑤如有多个小组车轮未断裂，均达到了终点，则用时最短组获胜。

大家很开心地完成了这个活动。每个小组在制作车轮时都用了不同的方法，很有创意；在车轮行走的过程中，每个小组成员的配合方式也是不同的。但是，老师看得出来，每组都齐心协力，为小组的成功而努力！

（五）活动结束

本次趣味运动会是为了丰富大家的文化生活，提高同学们的身体素质，增进同学之间的友谊和协作精神的。大家用灿烂的笑容和饱满的热情展现了积极向上的风采。

在活动中，同学们都表现出了良好的团队协作精神，能够互相交流、取长补短，发挥各自的优势，来帮助小组更好地完成任务。在欢笑声中，大家得到了放松。希望同学们在生活和学习中不要忘记休息，不要忘记锻炼。

十、活动总结

①对活动过程进行总结，找出活动中出现的问题，并撰写反思报告。
②结合反思报告，调整活动方案。

十一、活动预算

根据具体实施情况对所要购买的物品做预算。

十二、注意事项

①注意维持活动秩序，请学生不要随意走动。

②强调学生具有安全意识，遵守游戏规则，切勿嬉戏打闹。

第八章　生命教育

健康饮食，健康生活

一、活动主题

健康饮食，健康生活。

二、活动背景

随着学习压力的增大，很多青少年会产生紧张、焦虑等负性情绪。健康的饮食习惯能够帮助个体及时补充营养，使青少年保持良好的身形，使他们对自己的身体有较高的满意度，有利于增强自信心。

然而，青少年的饮食习惯并不理想，他们大多有不良的饮食习惯，如偏爱饮料、挑食、爱吃零食、不吃早餐等。这些不良的饮食习惯会影响消化功能，使青少年出现代谢失调、缺乏营养、肥胖等问题，影响正常的学习和生活。因此，培养青少年健康的饮食习惯非常重要。

三、活动目标

①认知目标：了解不良的饮食习惯对健康的影响，评估自身饮食习惯的科学性，了解关于健康饮食的常识。

②态度及情感目标：能够充分认识不良饮食习惯的危害，培养健康饮食的主动意识。

③能力及问题解决目标：会制作健康美食，养成健康的饮食习惯。

四、活动时间

各学期均可。

五、活动地点

桌椅可灵活移动、配有多媒体设备的教室。

六、活动对象

初、高中及大学生。

七、活动形式

视频赏析、心理测试、手工制作。

八、前期准备

①制订活动方案及制作相应的 PPT。

②准备活动的相关视频。

③准备健康饮食习惯测试。

④准备活动的相关物品。

⑤将座椅打乱，按照活动分组布置场地，每组将 4 张课桌拼凑到一起，学生座椅围放在桌旁。

⑥根据学生人数确定组数，一组 6～8 人为宜。

九、活动流程

(一)活动导入

同学们，黑板上有 4 种食物的图片，分别是苹果、西红柿、玉米、葡萄，你最喜欢吃哪一种？

(教师按照 4 种食物的顺序让学生选择，每选完一种，则请选相同食物的学生站到一起。选完所有食物之后，教室根据学生每种食物选择的人数进行调整。在调整时，可以告诉学生除了自己喜欢的食物，还应该尝试选择平时很少吃的食物，这样才会营养均衡。)

(每组 6～8 人为宜，具体组数根据学生人数确定。如果组数超过 4 组，则教师需要根据实际分组数准备食物的图片，组织学生分组。)

根据同学们喜欢吃的食物，我们的活动小组分好了，喜欢相同食物的同学为一个小组。接下来的每项活动中都以小组为单位展开。整场活动采取加分制，最终得分最高组为获胜组。

(二)视频赏析

随着社会经济的快速发展，人们的生活水平不断提高，从"吃饱"到"吃好"，人们对饮食的追求已经发生了质的变化。

人在每个阶段都要重视身体健康。要想身体健康，就必须摄入充足的营养。不良的饮食习惯会导致个体的生理功能紊乱，身体抵抗力下降，易患疾病；良好的饮食习惯有利于身体健康，同时有助于疾病的治疗。身体好了，精神状态就会比较好，心理状态也会比较好。

既然饮食习惯对我们的身心健康如此重要，那么，我们就先来分享一下自己有哪些饮食习惯。先按照顺时针方向请小组成员介绍自己有哪些饮食习惯。小组分享结束后，请各小组推选一位代表和全班同学分享。

（组内分享，学生代表分享。）

同学们的饮食习惯有很多是相同的，大家在一起久了，可能会彼此影响，也有一些同学有独特的习惯。你的饮食习惯是否良好呢？我们来看一个视频，大家一边看，一边思考和评估自己平时的饮食习惯是否合理与健康。

（播放视频《别让垃圾食品危害你的健康》，视频介绍了青少年常见的不良饮食习惯。）

你有视频中的这些习惯吗？

（小组讨论、交流，各小组代表分享。）

大家突然发现，原来自己有那么多不好的饮食习惯。看来，是时候好好评估一下我们的饮食习惯了。我们一起来做一份健康饮食习惯测试。

（三）健康饮食习惯测试

①测试指导语：测试一共有 30 个题目，请大家读完每个题目之后根据自己的第一印象在相应的选项上打"√"，每个题目的选项包括是、偶尔、否。

②测试内容（见附件）。

③计分方式：第 15 题、第 19～22 题选"是"得 2 分，选"偶尔"得 1 分，选"否"得 0 分；第 1～12 题、第 16～18 题、第 23～30 题选"是"得 0 分，选"偶尔"得 1 分，选"否"得 2 分。

④测试结果说明。

50～60 分：A 级，能达到这个级别的人并不多，说明你的饮食习惯非常健康，能合理、健康地安排日常饮食。

40～50 分：B 级，你的饮食健康状况高于平均水平，但还有某些习惯需要改进。

30～40 分：C 级，你的饮食健康状况处在中等水平，有很多饮食习惯需要改进、提高。

30 分以下：D 级，你的饮食状况不健康，大部分饮食习惯都是不良的，需要改进。

（学生完成测试。）

测试结束后，请同学们根据计分方式将自己的测试总分计算出来。

（学生计算总分。）

大家的总分都计算出来了，接下来请大家根据测试得分来确定自己饮食习惯的等级。

（学生确定自己的饮食健康等级。）

经过刚刚的测试，我们知道了自己的饮食习惯是否健康。很多同学的饮食习惯都存在或多或少的问题，这是因为我们缺乏健康饮食的相关知识。

（四）制作健康美食

同学们对饮食习惯有了比较清晰的了解。接下来，我们开展制作健康美食的活动。老师为大家准备了多种水果，先跟大家说一下活动规则。

①各小组按照之前知识竞赛中的名词决定选择水果的顺序。

②每组可以选择四种水果、两个果盘、一把水果刀。

③各小组根据自己拿到的水果，制作一份水果拼盘。注意，在制作过程中以"营养均衡、身心健康"为理念。

④制作结束后，各小组向全班分享自己的作品，对其进行详细讲解（讲解内容需包含制作的水果拼盘的作用、营养价值及适用人群）。

⑤活动结束后，各小组享用自己的水果拼盘。

（学生制作水果拼盘。各组完成水果拼盘后派一名代表向全班同学介绍本组拼盘的营养价值等。）

（五）活动结束

俗话说"工欲善其事，必先利其器""磨刀不误砍柴工"。同学们每天都要面临新的学习任务，需要使自己处于良好的状态。希望各位同学平常多学习一些关于健康饮食的知识，提高健康科学饮食的意识。希望同学们每天精神饱满、精力充沛，拥有健康的体魄，享受幸福、快乐的生活。

十、活动总结

①对活动过程进行总结，找出活动中出现的问题，并撰写反思报告。

②结合反思报告，调整活动方案。

十一、活动预算

根据具体实施情况对所要购买的物品做预算。

十二、注意事项

①在饮食习惯测试时，保持课堂安静。

②提醒同学们谨慎使用刀具，避免伤害自己和他人。

十三、附件

健康饮食习惯测试

题目	是	偶尔	否
1. 吃饭不愿剩，经常吃完盘中所有的食物。			
2. 常吃咸菜以及咸鱼、腊肉等腌制食品。			
3. 经常吃方便面。			
4. 经常吃刚屠宰的猪、牛、羊肉，认为其最新鲜，质量最好。			
5. 喜爱吃动物内脏，如猪肝、猪大肠、羊杂碎等。			
6. 喜欢选购白的馒头、挂面等面食，认为颜色越白越好。			
7. 喜爱吃烧烤类的食物，如羊肉串、烤鱿鱼等。			
8. 喜欢在看电视、读书或行走时吃东西。			
9. 不管食物营养价值如何，只要对胃口就买。			
10. 喜欢叫素。			
11. 为了某种目的，时常节食或严格限制饮食。			
12. 喜欢用咖啡、冷饮或罐装甜饮料代替日常饮水。			
13. 喜欢吃全麦面或杂粮。			
14. 每天喝一杯牛奶或酸奶。			
15. 在每 3 天的食谱中，都会安排胡萝卜、西红柿。			
16. 西瓜、草莓喜欢挑个大的买。			
17. 用餐后马上吃水果。			
18. 你的晚餐是否通常是三餐中最丰盛的？			
19. 常吃大豆、豌豆或扁豆。			
20. 常吃洋葱、大蒜、姜。			
21. 每周都吃河鱼或海鱼。			
22. 常吃柑橘类的水果，如柚子、橙子或橘子。			
23. 经常不吃早餐。			
24. 常在农贸市场购买没有包装的豆腐和豆制品。			
25. 从小到现在一直偏爱某类食物。			
26. 菜里要是盐、味精放少了，会觉得没有味道很难下咽。			
27. 炒菜时，等油冒烟了才放菜。			
28. 放了好几天的剩菜，只要你觉得没放坏就加热后继续食用。			
29. 每天刷碗时都用洗洁精。			
30. 喜食甜食，烹炒各种菜时都喜欢放些糖。			

变废为宝，保护环境

一、活动主题

变废为宝，保护环境。

二、活动背景

地球是人类赖以生存的家园，给我们提供了生存的空间、资源。随着社会的发展，人类对地球的破坏也在加剧，改变了地球的自然环境，加重了地球的负担。人们开始正视对地球的伤害，认识到在促进人类文明进步和发展的同时，必须重视环境保护，拯救地球，拯救人类的家园，协调人类与环境的关系。我们也必须投入环境保护中，从自身做起。

我们在合理处理垃圾的同时，也要认真思考如何将日常生活中的部分垃圾有效利用起来，变废为宝。作为当代的中学生，我们不仅要提高环保意识，而且要节约资源，从日常生活中做起，变废为宝，为保护环境贡献力量。

三、活动目标

①认知目标：了解生活中常见废品的分类、废品的利用价值和意义。

②态度及情感目标：培养环保意识，养成勤俭节约的习惯。

③能力及问题解决目标：锻炼手工制作能力，学会在生活中变废为宝。

四、活动时间

各学期均可。

五、活动地点

桌椅可灵活移动、配有多媒体设备的教室。

六、活动对象

初中生。

七、活动形式

图片分享、手工制作、小组讨论。

八、前期准备

①制订活动方案及制作相应的 PPT。

②准备活动的相关物品。

③安排两位学生提前学会熟练地制作花朵和收纳盒，并能够讲解制作流程。

④做好几朵手工花及几个收纳盒样品。

⑤场地布置：将课桌移开至教室四周，并根据学生组数，每组六张桌子拼成长方形，组员围坐在本组桌子旁边。

⑥分组：根据班级人数对学生进行分组，每组 8 人左右，可以按照学号就近分组，也可以对学号进行排序，然后前后配对。提前将分组名单发给班委，组织学生课间分组就座。

⑦准备应急物品：创可贴、棉签、酒精、纱布、医用胶布。

九、活动流程

(一)活动导入

1. 废品的利用及分类

同学们，请大家思考一个问题："生活中常见的废品有哪些？你是怎样对它们进行分类的？"请大家思考之后，在小组内和同学进行交流，每组安排一位同学做好记录。大家分享结束后，随机抽取三个小组，派一位学生代表和全班分享。注意，今天所有小组的分享、讨论环节都和这个环节的要求相同，老师会请不同小组的代表和全班分享(如果组数较少，则可以每组都分享；组数过多，则可以抽取代表组分享，分享组数为3～5组为宜)。

(组内交流，小组代表分享。)

同学们刚才列举了生活中常见的废品及其分类。在分享时，我们发现很多都是平时忽视的东西。按照废品是否可以再利用，我们将其分为可利用和不可利用两大类。

(用 PPT 呈现常见的可利用和不可利用的废品。)

不可利用的废品只能进入垃圾场进行处理，而对于可以利用的废品，大家平时是否有再利用？如果有再利用，请你和小组同学谈一谈是如何再利用的。如果没有再利用，那请你发挥想象力和创造力，谈一谈你觉得可以怎样再利用。

(小组讨论，教师请三位小组代表和全班分享本组同学的看法。)

看来我们班的很多同学都有环保意识，知道合理利用废品；也有很多同学很有创意，提出了有创造性的废品使用方式。下面，我们一起来看一看废品的利用价值和意义。

2. 废品的利用价值和意义

合理利用废品有其价值和意义。

（1）培养学生主动保护环境、节约自然资源的意识和习惯

在生活中，通过利用废品，我们可以节约自然资源、减少环境污染、保护和美化环境。在不断利用废品的过程中，学生逐渐养成节约的好习惯。

（2）培养学生惜物爱物、勤俭节约的优良品质

随着经济的发展，很多同学都在不经意间养成了浪费的坏习惯。在生活中开展废品利用活动，有利于培养同学们惜物爱物、勤俭节约的优良品质。

（3）使学生发现事物的闪光点，培养学生全面看问题的思维习惯

通过废品利用，从正反两个方面全面看待废品的价值，能够培养学生全面看问题的思维习惯，使学生不光在面对废品时善于分析、发现其优缺点，在面对生活和学习中遇到的各种问题时也能善于思考和分析，促进学生的心理健康发展。

3. 导入下一环节

今天，老师来和大家分享一些变废为宝的方法。大家都准备了一些不用的废旧材料，老师这里也有一些废旧材料，我们就先用这些材料来做美丽的花朵和实用的收纳盒。

（二）手工制作——心灵手巧创造美

同学们，老师先将材料分发给各组，请各组同学先熟悉材料。在我们进行手工制作的过程中，请大家注意以下几点。

①大家在活动的时候要听指挥，特别是在老师讲解步骤的时候要保持安静，注意听老师讲，听清楚之后再自己动手做。

②同学们在动手制作的过程中要注意安全，特别要小心剪刀，慢一点剪，不要划伤手，更不能用剪刀指向其他同学。

③在制作过程中，不能随意走动，有什么问题举手示意，老师会过来帮助解决。

1. 手工制作——妙手生花

现在我们开始制作第一件作品——花朵，主要会用到废纸、饮料瓶、废铁丝等物品。

（教师给学生呈现事先做好的手工花朵）同学们，看老师手上的花，漂亮吗？这几朵花是我们班上的两位手工达人做的，现在就请他们来给大家示范，教大家一起做美丽的纸花，让我们每位同学都能够"妙手生花"。

（教师在PPT上呈现花的制作过程，示范的学生一边手工制作，一边结合PPT讲解制作过程。教师在整个过程中观察各组学生的制作情况，帮助没有理解和不会制作的学生。）

同学们基本上都已经完成了作品，请各小组同学选择一个最漂亮的花瓶，把组内做得最漂亮的花插在花瓶里，作为小组作品，拿到讲台上和大家分享。

老师觉得大家做得都很棒，这些作品都很美。经过大家的努力，废纸和塑料瓶在同学们的手上变成了一瓶瓶美丽的花。大家可以回家试着做一做，送给自己的爸爸妈妈或者装饰自己的卧室。

2. 手工制作——收纳盒

接下来，我们继续感受变废为宝的魅力。很多同学都会苦恼，自己的笔、橡皮等小物件扔得到处都是，如果我们有一个收纳盒，这个问题就解决了。把它们都放到收纳盒里，既方便使用，也美观整洁。其实，这些收纳盒都是用我们日常生活中的各种废纸盒做的。同学们也带了一些纸盒，现在我们一起来做收纳盒。我们继续请两位手工达人来制作收纳盒。

（教师在 PPT 上呈现收纳盒的制作过程，示范的同学一边手工制作，一边结合 PPT 讲解制作过程。教师在整个过程中观察各组同学的制作情况，帮助没有理解和不会制作的学生。）

大家觉得自己制作的收纳盒怎么样？请小组成员在组内分享一下自己的作品，讲一讲你的收纳盒有什么用途。每组推选一位代表来和全班同学分享，在分享的过程中要介绍自己收纳盒的用途。

（组内分享，小组代表分享。）

老师和手工达人带大家一起完成了纸花和收纳盒的制作。接下来，就请各小组同学利用你们现有的废旧材料集体创作一个具有实用性和美观性的作品。

（三）以废报纸为材料的自由创作

大家看一看，各组的废旧材料中都有一样物品——废报纸，它就是大家创作的主角。请大家在创作过程中，主要使用废报纸，其他材料都可以配合使用。注意，这次创作的时间为 20 分钟。

每组在创作过程中，要给作品命名，并厘清创作理念。在作品完成后，要对作品进行详细介绍。制作完成后，所有的小组都要请代表向大家介绍本组的作品。

（小组创作。教师在过程中关注各小组的进度，及时和有问题的小组沟通交流，指导个别完成有困难的小组。创作结束后，各小组展示并介绍作品。）

（四）活动结束

通过这次活动，老师感受到了同学们利用废品创造美的理念和能力。生活不缺少美，而是缺少发现美的眼睛。只要我们留心观察，就能发现美并且创造美，那些所谓"废物"就会变"宝物"。希望同学们能够通过这次活动养成全面看问题的思维习惯，当遇到生活中的各种事物和事情时，试着从多个角度去看待它们，也许会给我们带来不一样的视角和感受。

勤俭节约是中华民族的传统美德，希望同学们能够传承这一美德。当一个废品要被丢弃时，我们想一想它有什么其他用途，并试着去做一做。同时，我们还为地球节约了资源，为保护地球贡献了自己的力量。只有每个人都动起来，我们才能创造出一个美丽、干净的地球家园！

十、活动总结

①对活动过程进行总结，找出活动中出现的问题，并撰写反思报告。

②结合反思报告，调整活动方案。

十一、活动预算

根据具体实施情况对所要购买的物品做预算。

十二、注意事项

①因为活动中需用到剪刀，可能会出现学生手部划伤的情况，所以备好创可贴、纱布等物品。在活动过程中，教师需要注意提醒、监督学生安全使用剪刀。

②引导学生在生活中做到环保。

了解生命，珍惜生命

一、活动主题

了解生命，珍惜生命。

二、活动背景

人从一个受精卵开始，最终发育成一个完整的胚胎，并通过母体的分娩来到世界，是非常不易的。

在我们的生活中，每秒都有生命的诞生，也有生命的逝去。生命的逝去有时候只在一瞬间，让人措手不及，甚至来不及道别。面对来之不易的生命，我们应该珍爱生命，活得健康，活得精彩，这样才不会浪费父母给予我们的宝贵生命。

随着经济的发展，青少年的物质生活条件越来越好，青少年中不珍惜生命的现象有所增加。我们必须正视这一现象，加强青少年的生命教育，引导他们尊重生命、热爱生命。

三、活动目标

①认知目标：了解生命诞生的过程，感受生命的来之不易。

②态度及情感目标：培养珍惜生命的意识，感恩母亲带自己来到这个世界。

③能力及问题解决目标：学会珍惜生命，减少危害生命的不良行为。

四、活动时间

各学期均可。

五、活动地点

桌椅可灵活移动、配有多媒体设备的教室。

六、活动对象

初中生。

七、活动形式

视频赏析、活动体验、小组分享。

八、前期准备

①制订活动方案及制作相应的 PPT。

②准备活动的相关视频。

九、活动流程

(一)活动导入

1. 引出主题

"燕子去了，有再来的时候；杨柳枯了，有再青的时候；桃花谢了，有再开的时候。"同学们，我们的人生失去了还能再拥有吗？

（学生回答。）

人生的每段时光都是宝贵的。童年那段欢乐的时光已经逝去，不会重新回来。我们渐渐长大，人生就如一列不会停靠的列车，缓缓驰来，缓缓驰去，过去的时光停留在我们的记忆中，永远不会再回来。

世界上的每个人，甚至每个生命体，都有自己的生命旅程。同学们，你知道自己是怎样来到这个世界的吗？

（学生回答。）

同学们大都知道我们是从妈妈的肚子里来到这个世界的，但是对具体是怎样来的、我们在来到这个世界之前经历了什么，却不是很清楚。接下来，老师就带大家一起来走进"生命的诞生"。

首先，我们来看一个视频《小威向前冲》。看完视频后，老师会请几位同学分享感受。

（教师播放视频，请学生观看后分享。）

这个视频向我们展示了生命形成的全过程。受精卵从在妈妈的肚子里形成到发育成一个完整的生命来到这个世界，需要经历漫长的过程。让我们来看看胚胎在这段时间的发育情况。

2. 胚胎发育的阶段

首先跟大家科普一个知识点。我们常常会从周围人、电视、书籍里听到或看到"怀胎十月"的说法，就以为怀孕真的要经历 10 个自然月。其实不然，"怀胎十月"中所说的"十月"是指妊娠月（4 周为 1 个月，7 天算 1 周），时间为 28 天，10 个月则是 280 天；如果按照自然月来算的话，孕妇其实怀孕 9 个月就可能生产了。在这 10 个月中，胚胎会在妈妈的肚子里发生什么神奇的变化呢？

（教师结合 PPT 图片进行讲解。）

这就是我们在妈妈肚子里度过的时光。在这段时间里，我们每天都在努力成长。

(二)孕期母亲的不易

胎儿要想顺利度过孕期，也并非易事。

孕妇怀孕期间会比较辛苦，生理和心理都会发生很大变化。

1. 身材走样

一般来说，一些孕妇为了胎儿发育得更好，在孕期会补充营养，进食过多，导致体重失控，身材可能会走样。

2. 妊娠反应

在怀孕期间，孕妇可能会出现妊娠反应，有恶心、呕吐、消化不良等症状。在这期间，孕妇需要饮食清淡，最好少吃多餐。

3. 心理问题

在怀孕之后，身体状况的一系列变化可能会使一些孕妇出现心理问题，如产生恐慌、紧张的心理。由于大部分孕妇没有生产经验，在怀孕时难免会过多担心。面对这些心理问题，家人需要陪伴和疏导孕妇；同时，孕妇要多和外界交流，多参加简单的运动，缓解负性情绪。

同学们，你的妈妈有跟你分享过当时的辛苦吗？

（学生回答。）

是的，很多妈妈都不会跟孩子分享自己怀孕的经过和养育孩子的辛苦。爱子女是每个父母的天性，他们的爱是无私的。了解了孕期母亲的不易，同学们有什么感想？请同学们相互交流、分享。

（学生相互交流、讨论。）

生命多么来之不易。精子跟卵细胞结合形成受精卵，发育成胚胎。在胎儿成长的过程中，母亲要适应和忍受身体与心理的不适，努力让孩子在母体里健康地发育。当胎儿发育成熟时，母亲将面临又一个艰难的挑战——分娩。

（三）了解分娩方式

孕妇经历了"十月怀胎"的辛苦，胎儿终于发育成熟，应该从母亲的肚子中出来了，这一过程被称为分娩。目前，常见的分娩方式主要有两种：自然分娩和剖宫产。

在婴儿出生之后，母亲的身体都很虚弱，不能好好休息，还要照顾刚刚出生的婴儿。这是多么不容易！

了解了这些，大家一定会觉得我们的母亲十分伟大。从受精卵的形成到生命的出生，这一过程多么不易。生命如此来之不易，我们难道不应该珍惜它吗？

（学生思考。）

我们应该珍惜生命。我们无论遇到什么样的困难，都不要轻易地伤害自己或他人，要爱惜自己的身体，珍爱生命！爱自己，好好生活，好好学习，也是对母亲最好的感恩和爱！

（四）感悟生命

同学们，请大家以"生命，我想对您说……"开头，用一段话谈谈自己对生命的感受。

①前后4人一组。

②每人思考后在纸上写出自己想对生命说的话，时间3分钟。

③在小组内分享组员写下的感受，时间3分钟。

④小组代表与全班分享感受。

（学生思考，小组分享，小组代表与全班同学分享。）

同学们都谈到了对生命的不同体验，但有一点是相同的，那就是大家都体会到了生命的不易，认识到了应该珍惜生命。

在活动结束之际，老师想跟大家分享三句关于生命的名言。让我们一起大声地读出来，感悟生命。

我们一步一步走下去，踏踏实实地去走，永不抗拒生命交给我们的重负，才是一个勇者。到了蓦然回首的那一瞬间，生命必然给我们公平的答案和又一次乍喜的心情，那时的山和水，又回复了是山是水，而人生已然走过，是多么美好的一个秋天。——三毛

生命很快就过去了，一个时机从不会出现两次，必须当机立断，不然就永远别要。——罗曼·罗兰

人生天地之间，若白驹之过隙，忽然而已。——庄子

（全班齐诵。）

伴随着古今文人发出的肺腑之言，我们的活动结束了。希望通过活动，同学们对生命能够有更深刻的认识，能够更加热爱生命、珍惜生命！

十、活动总结

①对活动过程进行总结，找出活动中出现的问题，并撰写反思报告。
②结合反思报告，调整活动方案。

十一、活动预算

根据具体实施情况对所要购买的物品做预算。

十二、注意事项

①增强语言感染力，诱发学生的情感体验。
②提醒学生在分享过程中，对他人的意见不予评价。

认识死亡，珍惜当下

一、活动主题

认识死亡，珍惜当下。

二、活动背景

当前青少年思想的独立性、选择性和差异性日益增强，部分青少年存在社会责任感缺乏、心理素质欠佳等问题，容易受外界不良环境的影响，盲目接受新鲜事物，寻求新鲜刺激，容易走向极端，甚至走向死亡。

青少年是社会主义事业的建设者和接班人，他们的生存状态和生命质量决定着国家和民族的前途与命运。所以，深入思考当今教育存在的问题，并探寻其中的解决之道显得尤为重要，而深思熟虑的结果必然引出一个我们不得不正视的话题——死亡教育。

死亡教育是一种帮助人们了解死亡的本质、获得有关死亡的各种知识、认识生与死的辩证关系，引导人们思考死亡的意义，促使人们珍惜生命，并促进人们对生命的欣赏，激励人们积极投入生活，赋予生命以价值的教育。由于死亡教育的缺失，人们常常与青少年谈理想、未来却很少谈生死，青少年对死亡缺乏基本的了解和思考。而对死亡的无知导致青少年在死亡面前表现出害怕、恐惧，面临死亡的威胁往往不知所措，没有较强的自救意识，使很多本可以避免的悲剧发生，更有甚者根本不把死亡当回事，不珍惜自己的生命。

死亡给青少年情感体验带来的深刻性前所未有，引发的思考也是无穷无尽的。教师要引导学生由死观生，使教育深入内心，让青少年从死亡的角度感受生命的美好，学会珍惜当下。

三、活动目标

①认知目标：树立正确的生死观，认识到死亡是人生的一部分，是不可避免的。

②态度及情感目标：体悟生命的价值及人生的意义，明白珍惜当下的重要性。

③能力及问题解决目标：正确认识死亡，学会珍惜当下。

四、活动时间

各学期均可。

五、活动地点

桌椅可灵活移动、配有多媒体设备的教室。

六、活动对象

初、高中及大学生。

七、活动形式

朗读、小组讨论、角色扮演。

八、前期准备

①制订活动方案及制作相应的 PPT。

②准备活动的相关视频。

③根据学生的实际人数和学号的尾数进行分组，每组 6 人左右。

④根据学生组数调整教室内的课桌椅，每组学生围坐在一起。

九、活动流程

(一)活动导入

死亡或许听起来离你很远，但它却在不断发生，也许就发生在你的身边。

如果忽然有一天你被告知你会在不远的将来死去，离开这个五彩斑斓的世界，离开爱你的亲人，你会怎么办？

若我们意识到生命的短暂，我们的生命就会充满力量。成长的道路不可能永远都是一帆风顺的，也可能充满坎坷。我们只有不抱怨、不气馁，坚持不懈，努力进取，享受这样的过程，才会变得更加成熟。

死亡是人生的一部分，是不可避免的。我们不知道自己什么时候会死，所以现在要做的就是珍惜当下。

(二)角色扮演，朗读儿童绘本

我们先来看一个故事——《獾的礼物》。

(用 PPT 呈现。)

同学们，接下来我们进行角色扮演游戏。小组内的 6 位同学自主选择角色，分别扮演旁白、獾、土拨鼠、青蛙、狐狸、兔太太。

旁白：年纪好老好老的獾，常常帮助大家。

旁白：獾看着土拨鼠和青蛙快乐奔跑的样子，他觉得自己似乎又比以前老了许多。

旁白：獾吃完晚饭后，坐在摇椅上睡着了并做了一个美梦。

旁白：獾梦见，他在没有尽头的长隧道，不需要借助拐杖地向前跑了起来。

旁白：第二天早上，狐狸带来了坏消息，獾死了。

旁白：冬天来了！雪不停地下着。

旁白：当春天来临时，大家聚在一起，谈的都是关于獾的事情。

土拨鼠告诉大家：獾教我用一张纸剪出好几只手拉着手的土拨鼠。

青蛙告诉大家：獾教我溜冰。

狐狸说：獾教我打领带。

兔太太说：獾教我做画饼。

土拨鼠对着山谷轻轻地说：獾，谢谢你，留下了这么好的礼物给大家。

（学生分组进行表演。）

同学们在这个角色扮演中都有什么感受？小组讨论，讨论完毕后，每个小组推选一位同学来回答。

（小组讨论、分享。）

充满智慧的獾离开了，离开了所有的动物朋友。虽然它在生前常常告诉朋友自己只是到了隧道的另一头，让大家不要难过，但是没有了獾，大家实在是太难过了。直到春天来临，所有动物都聚在一起怀念獾，说着獾以前与大家相处的种种，大家的悲伤才被慢慢抚平。獾虽然永远离开了，但它所留下来的"礼物"却像矿藏一样，永远都在帮助有需要的人。

余华说："死亡不是失去生命，而是走出了时间。"所有生命最终都会走向死亡，它的发生是必然且不可避免的。

我们要对自己的生命负责，我们要对自己的亲人负责，我们要对自己的朋友负责，我们要对身边的所有负责。

生命在于体验，在于感悟，在于你有不断尝试的机会去认识自己、认识世界。让自己和世界发生关联，让世界因为你的存在变得更加美好。世界上不存在孤立的生命。每个生命都从别处获得滋养，同时滋养别处。

（三）珍惜当下

1. 朗读

同学们一起来朗读一下朱自清的《匆匆》（用PPT呈现）。

时间如流水，转瞬即逝。

法国思想家伏尔泰曾出过一个意味深长的谜："世界上哪样东西最长又是最短的，最快又是最慢的，最能分割又是最广大的，最不受重视又是最值得惋惜的？没有它，什么事情都做不成；它使一切渺小的东西归于消灭，使一切伟大的东西生命不绝。"这是什么？众说纷纭，捉摸不透。

最长的莫过于时间，因为它永远无穷无尽；最短的也莫过于时间，因为它使许多人的计划都来不及完成；对于在等待的人，时间最慢；对于在作乐的人，时间最快；它可以无穷无尽地扩展，也可以无限地被分割；当时谁都不加重视，过后谁都表示惋惜；没有时间，什么事情都做不成；时间可以将一切不值得后世纪念的人和事从人们的心中抠去，时间能让所有不平凡的人和事永垂青史。

我们要记住，时间是有限的，应该力求把我们所有的时间都用去做有益的事情。

时间太宝贵，不应该为酸苦的忧虑和辛涩的悔恨所销蚀。把下巴抬高，使思想焕发出光彩，像春阳下跳跃的山泉。抓住今天，因为过去了它便不再回来。

2. 活动："经营生命"

（1）花钱

假如有一家银行每天早晨向你的账户拨款 86400 元，你在当天可以任意消费，但有一个条件——剩余的钱不能留到第二天再用，也不能节余归己，那么你将怎样使用这笔钱？你会想要买些什么东西？

（小组讨论。）

（教师引导学生思考。）

你们觉得这些东西对你们而言有什么用吗？它的重要性在哪里？

（2）花时间

如果这家银行就是时间银行，86400 元就是 86400 秒，你想过怎样利用这些时间吗？你怎样安排这些时间呢？

（小组讨论，并分享感受。）

在如烟的岁月里，有些事终是要等到隔了万重山水，隔了岁月，才能悟得透，看得清。那些年少的浮躁会在生命进行的过程中蜕变。生命之美就在于经历人生起起落落后的安然。安然是岁月深处的一种静好，是繁华过后的一种美丽，是品尝过人生的千回百转后的从容。珍惜当下，便可安然。生存价值是生命本身的意义，生命前行的力量就是找到自身存在的价值并为之不懈努力。

（四）活动结束

人的一生是短暂的，我们常常教导别人要珍惜生命。只有经历了挫折的人才会知道生命的不易，好好活着是对死亡最好的阐释。

生命的存在本身就是一种希望；生命中的那些成功与失败、纯真与成熟，可以汇编为一本内容丰富的书，或是一幅风格迥异的画，别太苛求自己。

好好活着，活着就是一首好诗。

珍惜此刻，尽情享受每一天，想想自己已经拥有的，学会珍惜，试着去感恩。生命中的每个日子都有其内在的美丽。给心灵一个沉静的时间，笑看生命中那些美丽、愉快的瞬间，体味那种无以名状的感动。生命给了我们清新的早晨和怡人的黄昏，生活给了我们激荡的音乐和忧伤的诗歌。请珍爱生命，欣赏灿烂多姿的自己。

十、活动总结

①对活动过程进行总结，找出活动中出现的问题，并撰写反思报告。

②结合反思报告，调整活动方案。

十一、活动预算

根据具体实施情况对所要购买的物品做预算。

十二、注意事项

①在活动过程中，督促每位学生积极参与。

②观看小组表演时，尊重演员，不对演技进行评价。